高瞻遠矚

爐邊談話之戰爭與和平篇

（美）富蘭克林・羅斯福 著
趙越、馬飛、孔謐 譯

羅斯福既是狐狸又是獅子，
他用狐狸的手段達到獅子的目的。

從來沒有哪一個總統能在如此短的時間裡叫人感覺滿懷希望，
爐邊談話獲得了巨大成功。

危機．人民．領袖

——羅斯福「爐邊談話」及其他

喬繼堂

作爲美利堅合眾國的首都，華盛頓自然少不了有關美國總統的紀念性建築，諸如華盛頓紀念碑、林肯紀念堂等，早已爲人們耳熟能詳。

華盛頓廣場高聳入雲的尖頂華盛頓紀念碑，似乎象徵著一個年輕共和國的獨立與成長，以及共和國憲政原則的嚴正與凜然。

林肯紀念堂莊重的林肯塑像，又似乎象徵了天賦自由的尊嚴，以及合眾國「合眾爲一」的精神指歸。

這樣的紀念性建築，把美國人民對領袖的緬懷與景仰展現無遺，也把美利堅精神體現得淋漓盡致。

與華盛頓紀念碑的高聳、林肯塑像的莊重形成鮮明對比的，是羅斯福紀念公園的一尊塑像——一位衣著儉樸的平民，坐在房間的一角，全神貫注，正在傾聽著什麼。毋需多想，人們馬上就會說出：他是在聆聽羅斯福總統的「爐邊談話」。

任何紀念歷史人物的建築，本質上都是對於一些思想和精神的肯定與堅守。羅斯福廣場的這尊平民塑像，雖然沒有刻意強調總統身分，卻形象生動地給我們講述了一個領袖的非凡故事，一段令人難忘的崢嶸歲月，一些至今閃亮的理念與精神。

一

富蘭克林．德拉諾．羅斯福（Franklin Delano Roosevelt），一八八二年一月三十日出生於紐約的海德公園（Hyde Park）羅斯福家面積達數百畝的莊園。

他是荷蘭人的後裔，祖輩在十七世紀四〇年代移民到新阿姆斯特丹（紐約的舊稱）。羅斯福的父親是一位富有的鐵路官員，母親也出自一個富足的美國家庭。父母對羅斯福從不溺愛，父親教給他責任——為自己的所作所為負責；母親的嚴厲則有助於他勤奮、堅韌種種品格的形成。

少年的羅斯福在公立學校讀書，但更主要的是接受家庭教育。一位法國女教師給了他嚴格的語文和歷史素養的培育，對他價值觀的養成也作用甚大。

十四歲時，羅斯福進入私立寄宿學校格羅頓（Groton）學習，在這所以嚴格著稱的學校裏，他經受了鍛煉，學到了知識，激發了他的道德感和社會責任感。

一九〇〇年，羅斯福進入哈佛大學。大學期間，羅斯福通過體育運動和課餘活動，尤其是參與辦校報的活動，從一個靦腆的「局外人」，成長爲一名社交活躍分子。在校三年拿到學位後，他又留在學校當了一年校報主編。

一九〇四年，羅斯福進入哥倫比亞大學學習法律，獲得學位後輕鬆通過律師考試，進入紐約的一家律師事務所。在此期間，他與遠房堂妹埃利諾．羅斯福（希歐多爾．羅斯福的侄女）結爲夫妻。

羅斯福很快便發現，自己已經不滿足於僅僅做一名律師。一九一〇年，他作爲民主黨候選人，競選紐約州參議員，最終獲得了這個已經被共和黨壟斷了三十二年的席位。

在擔任州參議員期間，羅斯福顯得老練而獨立，對政治生活十分適應。在一九一二年的總統大選中，羅斯福支持伍德羅．威爾遜，後來他被任命爲海軍部助理部長作爲回報。羅斯福對這一工作非常熱愛，因爲他從小就酷愛船與大海，而且篤信馬漢的海權論。

這份工作對羅斯福影響甚巨。他主要分管海軍的商務，因而必須面對企業和工會，這使他學會了與他們相處，也認識到商人唯利是圖的一面。其間，他多次請求赴前線作戰，以便爲自己的政治生涯增添絢爛的一筆，卻未能如願；但幸運的是獲得了一次赴歐洲視察海軍基地的機會，他由此會晤了同行，目睹了眞正的戰爭。

一九二〇年大選中，羅斯福被民主黨提名爲副總統候選人。雖然他最終和競選夥伴詹姆斯．卡克斯敗給了哈定和柯立芝，但這次競選還是讓羅斯福獲益匪淺。

一九二一年八月，羅斯福在紐約長島海濱度假時，由於火災和冰冷刺骨的海水而患上了脊髓灰質炎（小兒痲痺症）。這無異於滅頂之災，因爲這意味他從此要與輪椅和拐杖爲伴，甚至是徹底退出公眾生活。然而，羅斯福依舊十分樂觀，他透過游泳和健身來增強自己的體質；他也沒有從政治舞臺上消失，人們總是能看到他參與政治活動的身影。而且在康復治療中，羅斯福把對他身體頗多助益的喬治亞的一處溫泉改建成一座非營利性的小兒痲痺症水療中心，並創辦基金會，給患者提供收費低廉的治療。

一九二四年，羅斯福開始回歸政壇，在民主黨的大會上，他提名信仰天主教的紐約州州長阿爾佛雷德·史密斯爲總統候選人。雖然史密斯最後未能獲得提名，但羅斯福舉著雙拐登臺演說的豪邁氣概深入人心；提名非基督教徒的舉措，也爲他贏得了變革的名聲。四年之後，史密斯在羅斯福的支持下獲得提名，而史密斯則勸說羅斯福競選紐約州州長。結果，史密斯敗給了胡佛，羅斯福卻贏得了選舉。

紐約州州長是對羅斯福影響深遠的從政經歷。他的州長任期，幾乎是與經濟危機同時開始的，而他在州長任上，也把紐約州當作了體制變革和政治理想的試驗基地，並贏得了廣泛聲譽。從此，羅斯福開始青雲直上，再度擔任紐約州州長後，在一九三二年的大選中，羅斯福這顆「民主黨的希望」之星擊敗胡佛，成爲白宮的新主人。

空前絕後的是，羅斯福在白宮一待就是十二年！自從有「國父」之稱的華盛頓堅持兩任之後不再連任，再沒有任何一位美國總統的任期超過兩屆。一九四〇年，羅斯福本該離開白宮，但美國還沒有完全走出大蕭條，第二次世界大戰的戰火又已經瀰漫歐亞。美國人似乎認爲只有羅斯福才能讓美國渡過難關、走向復興，所以又把他留在了白宮。四年後的一九四四年，美國已經捲入戰爭，而戰時更換總統顯然是不明智的，因而羅斯福又開始了他的第四屆任期。

如今回顧歷史，可以說美國人民的選擇是明智的，對領導美國走出兩次危機來說，羅斯福堪稱不二之選。

遺憾的是，羅斯福沒有在他的第四任期待滿四年。一九四五年四月十二日，身心疲憊的羅斯福，在喬治亞溫泉休養時溘然長逝。幸運的是，此時戰爭已經接近尾聲，而且羅斯福臨終前便已斷定戰事即將結束，並對戰後的世界局勢和美國的利益作出了精心的謀劃。

二

在五歲的時候——一八八七年，羅斯福收到了一個奇特的祝福：「小傢伙，我有一個奇怪的祝福，祝你永遠不要成爲美利堅合眾國總統。」給他祝福的是時任總統格洛佛．克利夫蘭，當時羅斯福一家受邀在華盛頓過冬，臨別時，父親帶羅斯福去白宮向克利夫蘭總統辭行，總統撫摸著他的頭，給了他那個「奇怪的祝福」。

如眾所周知，成爲總統，可以說是「美國夢」的最高形式，而克利夫蘭之所以有此「奇怪祝福」，恐怕是「心有戚戚」了。今天，當人們談論柯林頓、小布希以及歐巴馬頭髮的黑白對比之時，這一點恐怕是所有人都「心有戚戚」了。

的確，美國總統是個催人老的職業，羅斯福當總統的那個年代，對總統的考驗似乎更加嚴峻，對總統的錘煉似乎更加苛酷。人們習慣於用「受命危難之際」來概括偉人的橫空出世，但對羅斯福來說似乎並非如此，因爲他是自己主動競選而出的；不過，時際危難，倒是千眞萬確的。

首先是大蕭條。

就像今天這場金融危機承接著「繁榮」一樣，大蕭條之前的美國，同樣經歷了一個空前繁榮的時期，史稱「喧囂的二〇年代」（當然也有稱之「繁榮的二〇年代」）。

在這十年間，美國國民生產大幅提高：一九一九～一九二七年，工廠勞動生產率提高53%；一九二〇至一九三〇年，農業勞動生產率提高20%；一九二二～一九二七年，年均經濟增長7%，是歷史上和平時期最高的；國民生產總值，從一九一九年的七百四十二億美元（按一九二九年美元計算），增長到一九二九的一千零三十一億美元。科技進步帶來了新產品，又使老產品價格下降，因而汽車、冰箱等都進入了尋常百姓家。隨著生活水準的提高，大眾消費文化應運而生，樂觀主義充斥社會。

然而，繁榮背後的嚴重問題也是不爭的事實。當時雖然人們的生活水準普遍提高，但民眾收入提高的幅度，卻遠遠跟不上工業生產發展的步伐。與高度發展的國民經濟相比，民眾的購買力嚴重不足，生產與消費矛盾突出。在農業領域，由於市場萎縮和國外產品競爭，農民收入幾乎減半。在工業領域，工人工資的增長，遠低於生產力的增長，而且由於生產效率的提高，就業人數幾乎沒有增加。這意味以工薪支撐的社會消費支出相對不足，而購買力不足則又使經濟繁榮無法得到相應支撐，從而進一步加深了生產與消費的矛盾。

與廣大民眾收入增長緩慢形成鮮明對比的，是企業的利潤大幅增長，再加上共和黨政府降低企業稅負，促使財富急速集中。到一九二九年時，美國國家財富的五分之三集中在2%的人手中。

資本的集中，又促使大量資金進入投機市場，當時進入股市的不僅有大富翁，由於拜金主義的美德化以及盲目樂觀情緒的作用，許多中等商人乃至工薪階層也大量投資股票，巨額資金流入股市。在所有這些因素的鼓噪之下，股價猛升，股票獲利豐厚，股市投機無所不用其極，導致嚴重失控。

一九二九年十月二十四日，星期四，美國股市價格暴跌，一天就蒸發了三十億美元，史稱「黑色星期四」。當天，摩根公司拿出二十四億美元基金，以高於市場的價格購買股票，股市行情有所穩定。但十月二十九日，股票再次大挫，一天蒸發了一百億美元，相當於美國在一戰中的總費用。而股票市場的崩潰引起了連鎖反應，各種商品大幅跌價，人們的信心嚴重受挫，信貸收縮，企業裹足，蕭條到來。

三

大蕭條對美國的影響無疑是至深至鉅。正如美國歷史學家小亞瑟·施萊辛格（Jr. Arthur M. Schlesinger）所言：「美國經濟和人民遭受的普遍經濟災難是空前的。在整個美國歷史中，是有過恐慌、衰退和通貨膨脹，但大蕭條對人民生活包括最終對美國制度性質的影響，是不可比擬的。」

就民生而言，蕭條帶來的是收入減少、生活水準下降以及失業流浪。

危機開始的頭一年，時任總統的胡佛要求企業維持原工資，工人工資相對穩定。一九三〇年下半年後，生產減速，工人被迫減少工時，工資也相應減少，年平均工資減少接近20%。有經濟學家推算，一九二七年一個四口之家的最低生活費用爲三千美元，而實際上一九三二年全國家庭平均收入只有一千三百四十八美元。因此，當時的美國工人家庭缺衣少食，生活水準嚴重下降。相對地，出生率也顯著下降，而且出生的孩子普遍健康較差，被稱爲「蕭條的一代」。

農民的情況更爲悲慘。本來，在二〇年代的經濟繁榮中，由於第一次世界大戰後農產品價格下跌，農民就未曾像工人那樣分享過繁榮的滋味，經濟危機更使他們雪上加霜。他們辛苦勞作生產出來的東西，不得不以低於成本的價格賤賣，要麼乾脆讓它們爛在地裏。西部牧場的牲畜賣不掉又養不起，只好宰殺後拋入山谷。另一方面，由於農民抵押借貸的利息並未減少，部分必需品的價格，又不像農產品價格下跌那麼大，農民的購買力大爲下降。因無力償還債務，一九二九至一九三三年間，約有一百多萬戶農民因被取消抵押品贖回權，而失去了他們的財產。

中產階級也受到危機波及，相當艱辛。持有大學文憑的開電梯，大學教授開計程車，專業技術人員領失業救濟金，並不算是新鮮事。在加利福尼亞水庫工地上從事體力勞動的人口中，不少人原來是農場主、牧師、工程師，甚至中學校長、銀行家。正如《紐約時報》所說：「夜裏敲門乞討的，可能幾個月前或一年前在銀行簽發過你的貸款，或者在你所讀的報紙上寫過社論，或者是某家大地產公司的副經理。」不少文化名人亦難逃厄運。比如，《憤怒的葡萄》的作者約翰·史坦貝克，用豬油和食鹽當肥皀洗衣服，連寄稿件的郵費也難以湊足，沒錢看醫生，只好聽任牙齒壞掉。

最可怕的是失業。

一九二九～一九三三年，全美平均每週都有十萬人失業，總人數達一千三百萬，找不到工作的人們只好四處流浪。據歷史學家推測，當時的流浪大軍多達一百五十萬至兩百萬人。他們當中有原本一無所有的佃農，也不乏農場主、醫生、律師、教師，有單身漢也有夫婦，有嬰兒也有孕婦……流浪者沒有明確的目的地，而所到之處又因本身經濟負擔已經很重而不願接納他們，給他們一夜之棲、一餐之助就不客氣地攆走，甚至要面對員警的棍棒或入獄。流浪者住在城郊用包裝盒、廢木板搭成的窩棚裏，人稱「胡佛村」；或者在公園裏的長凳上過夜，裹著舊報紙拼成的「胡佛毯」。

大蕭條最嚴重的影響，是美國民眾信念的崩潰和心靈的創傷，與之相應的不滿和抗爭相當嚴峻。由於胡佛未能採取適當的措施解決問題，民眾的反彈十分強烈。

反對削減工資的工人舉行罷工，失業的工人舉行「饑餓進軍」，城鎮的違法活動不時有之，社會秩序十分混亂。農民則走得更遠，他們設路障，不准把農產品運進城市，採取行動奪回自己被取消贖回權的土地，甚至不惜施暴、殺人。

衝擊也指向了美利堅的制度根基，最爲激進的一部分知識份子，認爲經濟危機是資本主義背叛歷史的結果，主張進行社會革命，學習蘇聯，實行共產主義。但主流的觀點，是在資本主義框架下進行變革，即走一條既非自由放任、又非共產主義的中間道路。很快地，知識份子、政治家、相當比例的普通民眾乃至企業家達成了共識：在資本主義民主自由的前提下，捨棄自由放任的經濟政策，實行一定程度國家干預經濟生活的變革。

顯然，時代呼喚變革，人民呼喚變革。就是在這一片變革之聲中，一九三二年的大選年拉開了序幕。

此時，謀求連任的胡佛抱著舊政策不放，他的競選綱領仍然堅持自由放任政策，主張聯邦不對市場進行干預，基本上靠地方政府解決危機。而羅斯福則早在民主黨大會上的接受提名演講中，就起誓「我決心爲美國人民實行新政（New Deal）」。就此來看，兩位候選人的勝負幾乎不言而喻。

四

一九三三年三月四日，羅斯福宣誓就任總統，也拉開了「新政」的大幕。而實際上，羅斯福的變革精神和「新政」理念，在他就任總統之前就有所體現。

羅斯福在擔任紐約州州長的時候，就奏響了變革的序曲，一定程度上可以說紐約州正是其未來「新政」的試驗場。比如，在公共能源和自然資源保護兩方面，他採取了重大步驟：降低公用能源價格，力主政府管理和參與能源開發，並對私有及公用企業進行有效控制；由州政府購買荒廢的土地用於植樹造林，並進行城鄉接合起來的嘗試。面對經濟危機，他大膽採取措施救助窮人。他任命了「穩定就業委員會」，成立了「州臨時救濟署」，這些均較全美其他州先著一鞭，體現了羅斯福的變革精神。

而在奧爾巴尼（紐約州首府）時，他那個由哥倫比亞大學教授組成的智囊團，就已經對經濟政策問題提供了清晰的認識：經濟集中的趨勢無法遞轉，從而將自由市場轉變爲「被大公司經營者控制」的市場。這種由私人控制的經濟生活是不可靠的，正是這種私人控制，造成了大蕭條。二〇年代經濟繁榮發展的收益，變成了企業主的利潤、存款和資本，這種收益本該透過向工人支付較高工資，和向農民支付更高價格來增強購買力。解決問題的唯一途徑，就是由政府進行有組織的規劃。這些認識，成了後來羅斯福「新政」的思想基礎。

「新政」的具體內容，部分已在羅斯福競選時就浮出水面。在接受提名演說中，他宣導實施

森林重建計畫；在奧勒岡州的波特蘭市，他提出政府要對電力等公用事業進行調控；在匹茲堡的演講中，他認爲遇到公民饑餓和急需幫助時應該增加撥款；在多個場合，他勾畫了政府與企業合作的新秩序。此外如財政赤字、聯邦工程、提高富人稅負等也已成竹在胸，只是出於競選策略的原因未加渲染而已。

羅斯福的「新政」往往被史家分成兩個階段，分別冠以「第一次」和「第二次」。

「第一次新政」的主要立法，在一九三三年三月九日至六月十六日期間完成，時間爲九十九天，習慣上稱爲「百日新政」。這一階段的「新政」，側重於解決當務之急，即遏制經濟衰退，挽救業已崩潰的金融危機和瀕臨崩潰的農業危機，復興工業，消除失業和饑餓。其中主要的立法，有解決銀行危機及金融問題的《緊急銀行法》、《格拉斯——斯蒂高爾銀行法》以及《證券法》和《證券交易法》等，重建工農業平衡的《農業調整法》，政府與企業合作渡難關的《全國工業復興法》，幫助「經濟金字塔底層被遺忘者」的《聯邦緊急救濟法》、《緊急救濟撥款法》及相關的機構（如民間資源保護隊、公共工程局等）和工程（如安居工程、田納西河流域工程等）。

「第二次新政」時間在一九三五～一九三九年。這一階段的「新政」，注重具有長遠影響的立法。比如，一九三五年《銀行法》改變了聯邦儲備體系的組織和權力結構，使控制權從以華爾街爲代表的地區儲備銀行，回到了華盛頓的聯邦儲備體系理事會，從而確立了適應現代化經濟的現代銀行體系；《社會保障法》規定向雇主強制性徵收聯邦失業保險稅，聯邦向各州撥款幫助各州照顧弱勢群體，從而建立了較完備的福利制度；《財產稅法》規定提高財產稅，並將個人收入超額累進所得稅和公司純收入累進所得稅提高，建立了較爲公正的稅收制度；《瓦格納法》明確支持勞工的集體談判權，並規定了維護這種權益的各種措施，同時規定超黨派的勞工關係委員會爲處理勞資關係的最高機構，從而開創了一種新型的勞工、企業、政府間的關係。

羅斯福「新政」的歷史功績是毋庸贅言的，它絕不僅僅是把美國帶出了大蕭條，更在於把美國帶入了現代化，可以說，一個現代美國正是由此崛起的。

五

羅斯福從奧爾巴尼的州長官邸來到華盛頓白宮之後，面臨著遏制危機和推行「新政」的雙重使命，而這都要盡可能地獲得大眾的理解和支持。顯然，羅斯福是此一方面的老手，他有效地駕馭了各種溝通傳播工具，爲自己的使命凝聚了廣泛的同盟者和支持力量。在其執政的十二年裏，羅斯福共舉行過九百九十八次記者招待會，平均每週達兩次之多。而他利用「新媒體」——廣播所進行的「爐邊談話」，更成了迄今爲人津津樂道的凝聚民心的典範。

從某種角度來說，「爐邊談話」可以說是應時之舉。

羅斯福履任伊始所要面對的首先是銀行危機，而解決這一危機的根本途徑就是穩定人心，遏制乃至消除擠提擠兌風潮。借助法律手段，羅斯福讓已經關閉的銀行繼續休假，並一度延長休假，強制性地「中止」了擠提擠兌。但顯然這是權宜之計，根本的出路在於民眾自願放棄擠提擠兌，甚至是增加儲蓄。

上任四天後的三月八日，羅斯福舉行了有一百二十名記者參加的第一次記者招待會，在輕鬆的氣氛中，就銀行業的問題回答了記者的提問。此舉有助於政府與民眾的溝通，但畢竟要假手記者和報紙，接收者不夠廣泛，傳播有欠及時，甚至可能不那麼全面、準確，效果令人惴惴。

三月十三~十五日，經核准的聯儲成員銀行和非成員銀行就要相繼復業了，民眾是否還會像過去那樣排隊擠提銀行存款？顯然，這是一個未知數。但此時政府也並非全然無可作爲，穩定民心、提振信心就大有可爲。

於是，在銀行復業的前夜——三月十二日晚，羅斯福在白宮樓下的外賓接待室，接受了美國廣播公司、哥倫比亞廣播公司和共同廣播公司的採訪。羅斯福坐在壁爐旁邊，面前放著擴音器，場面有些像家常談話。就在講話之前，講稿卻不見了，但羅斯福泰然自若，拿起一份給記者準備的油印稿，熄滅了煙頭，轉向了擴音器，開門見山地說：「我想花幾分鐘時間同美國人民談談銀行的情況——」

接著，羅斯福以誠懇的態度、親切的聲調、質樸的語言，向美國民眾就銀行業的運作，進行了淺顯易懂的解釋，並勸民眾支持銀行業發揮作用，他向公眾保證，「把錢放在經過整頓、重新開業的銀行裏，要比放在被子下面更安全」。全國六千萬民眾收聽了這次談話，包括羅斯福廣場那位平民。

長期以來，人們以爲「爐邊談話」之名出自時任哥倫比亞廣播公司（CBS）高級新聞記者的羅伯特．特勞特（Robert Trout），據說他認爲羅斯福廣播講話的聲音，猶如起居室裏壁爐中熊熊燃燒的爐火劈啪有聲、鏗鏘有力。但吉姆．考克斯（Jim Cox）認爲，「爐邊談話」之名出於時任CBS下屬的WJSV電臺經理哈里．布徹（Harry C. Butcher）。當時布徹注意到外賓接待室裏有一壁爐，便提議給總統的廣播講話冠以「爐邊」，命名爲「爐邊談話」（Fireside Chat），理由是當國民打開收音機，聽到自己領袖的聲音，彷彿總統親臨己家，與其圍爐相坐、親切交談。這樣，特勞特每次作開場白的時候，就用「爐邊談話」來介紹總統的廣播講話。

第一次「爐邊談話」獲得了巨大成功，復業後的銀行依舊是長隊如龍，但不是提款，而是存款——把前些天提出的通貨和另外的積蓄存入銀行。這樣的收穫凸顯了這種家常式談話的價值，羅斯福自然不會放棄再次利用。

於是，五月七日，第二次「爐邊談話」同樣在週末進行。這一次，羅斯福是爲了推行其工業復興計畫，而爭取企業和勞工的支持，談話同樣獲得了成功。

此後，「爐邊談話」就成了必然之舉，每當美國面臨重大問題之時，羅斯福都要用他所鍾情的這種方式與美國人民溝通。同樣，美國人民也鍾情於此，每當他們鬱結和困惑之時，都希望聽到總統那親切、誠摯的聲音。

「爐邊談話」斷斷續續持續了十一年之多，幾乎與羅斯福十二年的任期相始終。從一九三三年三月十二日第一次談銀行問題，到一九四四年六月十二日談第五次戰爭籌款運動，長長短短共三十次。

就兩次危機而言，三十次談話幾乎平分秋色：大蕭條時期共十三次，二戰時期共十七次。

從頻度來看，顯然以「百日新政」和對日宣戰為最，平均間隔不足兩月，此外，間隔時間時短時長。「百日新政」及隨後的一段時間，半年多談了四次，此後頻度就降了下來。值得注意的是，在一九三八年六月二十四日談各黨派的初選問題後，「爐邊談話」有長達十四個多月未再進行，直到一九三九年德國入侵波蘭後，才在九月三日簡短地談了談歐洲戰爭。不過，此後，「爐邊談話」頻度增高，幾乎每隔半年一次，珍珠港事件後，更是在不到半年裏談了三次。無疑，這種頻度與需要有關，也符合策略原則——新鮮而不疲勞。

六

僅僅把「爐邊談話」理解為與人民進行交流溝通的工具是不夠的。「爐邊談話」不僅是溝通民眾的長橋，也是政治鬥爭的利器，更是政策導向的指南。

第一次「爐邊談話」時，間不容髮，政府與國會之間沒機會爭吵。當時政府高喊的是：「行動！行動！」國會高喊的是：「表決！表決！」羅斯福提交國會兩院的《緊急銀行法》，幾個小時就表決通過，以至於有些議員表決前根本未曾仔細讀過法案。但這樣的一致並不常見，政府與國會、院外集團乃至最高法院的分歧與角力時而有之。這時，「爐邊談話」一方面是溝通民眾、勸導對手的工具；一方面也就成了對付那些堅持己見、冥頑不化的反對者的利器——爭取人民的理解與支持，給對手造成強大的壓力，使其放棄己見、屈從「新政」。這一點，在羅斯福與最高法院的鬥法中，表現得最爲突出。一九三七年三月九日那次談話，主要話題正是對司法機構改組的提議和鼓動。

第二次世界大戰在歐洲爆發之初，遠隔重洋的美國人覺得事不關己，大可安枕無憂。羅斯福同樣態度超然，不願意捲入戰爭。然而，保持中立的羅斯福卻不認爲戰爭並非與本國甚至本土無關。因此，他積極推動軍事生產，向歐洲反法西斯國家和力量提供武器及其他補給，支持他們在遠離美國的地方打贏戰爭。同時，他還主張積極備戰，以防哪一天法西斯的鐵蹄踏上本土。

在一九三九年九月三日就歐戰發表第一次談話後，在一九四〇年五月二十六日和十一月二十九日，羅斯福又兩次談論國防和國家安全，高瞻遠矚地把備戰觀點注入了人們的腦海。而一九四一年五月二日的談話（最長的一次「爐邊談話」），則宣佈全國進入無限期的緊急狀態，把備戰落實到政策措施的層面上。無疑的，這些「爐邊談話」的觀念和政策導向作用十分明顯。也正是這樣的深謀遠慮，使得美國具備了較爲厚實的戰備基礎，在戰爭降臨的時候能夠從容應對，並在盡可能短的時間內贏得勝利。

領袖需要具備果敢善斷的決策能力、迅捷堅韌的行動能力，更需要高瞻遠矚的謀劃能力和循循善誘的引導能力。可以肯定的是，羅斯福如果僅有臨陣磨槍般的「爐邊談話」，而沒有政策導向類的「爐邊談話」，他的形象會失去幾分丰采，而正是後者，才使其領袖形象閃現出熠熠光彩。

即使我們對羅斯福早四年、早八年執掌權杖美國就不會鬧出大蕭條的假設不置可否，但可以肯定的是，羅斯福的前任胡佛以及胡佛的前任柯立芝、哈定如果能夠高瞻遠矚、居安思危，不要沉醉於繁榮而高歌「美國的事業就是企業」，或者拘泥於體制而高擎自由放任之旗的話，美國的大蕭條確實可以減輕並儘早復甦。

遺憾的是，我們雖然總說歷史是一面鏡子，卻很少切實地拿它來觀照、鏡鑒，尤其是在繁榮昌盛、高歌猛進的時候。就這樣，在大蕭條七十多年之後，幾乎相似的一幕重新上演。同樣相似的是，我們像歷史上無數次重複的那樣，在事後拿起了鏡子；同樣遺憾的是，儘管照過了鏡子，我們依然難免像過去那樣繼續犯錯的衝動。

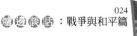

七

幾乎每一位羅斯福的傳記作家，都不捨得丟掉「爐邊談話」這一題材，相反的，對此他們幾乎是濃墨重彩。因爲，「爐邊談話」是羅斯福政治生涯中最出色的一個部分，是其思想、理念、能力、魅力最爲集中的體現，而且垂範後世，至今爲人所津津樂道和孜孜效法。

「爐邊談話」表現了羅斯福駕馭語言的高超能力。作爲一種「拉家常」式的溝通，「爐邊談話」平和、親切，邏輯中心突出卻又似隨興而談，口氣上如家人般傾心相向，用詞上盡可能簡單、平易，堪稱應用語言藝術的典範。

「爐邊談話」平和親切。談話選在了日常家庭聚談最常見的地方——壁爐前，雖然聽眾看不到畫面，但日常生活的積累，使他們可以想見總統談話時的情形。這幅民眾腦海中形成的畫面，與領導人物高居講壇宣讀講稿的情形大爲不同，一下子就拉近了雙方的距離。空間距離拉近的同時，同樣拉近的是心理距離，這自然使民眾感到總統的話語聲聲可親、字字入耳，也就甘於欣然接受。

在這個氛圍中，羅斯福不再是總統，而成爲民眾的家人或朋友，更是一位家中的長者或睿智的朋友，民眾信賴他，願意聽從他的勸說和指引。因此，在第一次「爐邊談話」的第二天，銀行剛剛開門營業，人們就紛紛前去，將家中的現金存入銀行，僅在紐約一天中的存款數，就比取款數多一千萬美元。

「爐邊談話」聲情並茂。進行「爐邊談話」時，爐邊聽「談」的只有記者和僚屬，並沒有普通民眾。但情景既然設定，羅斯福也就入情入景、聲情並茂，彷彿一大群普通民眾——產業工人，城市平民，農場主和佃農，企業雇主，中年漢子與年輕姑娘，老人和孩子，乃至孕婦……一位傳記作家寫道：「他有意識地使他的談話對象——人民——形象化。他忘記了擴音器，好像他的聽眾也會同他一起點頭、微笑，或者和他一起大笑起來。」

曾擔任羅斯福政府勞工部長且與總統過從甚密的珀金斯小姐，在她的著作中這樣寫道：羅斯福說話的時候，「時而點頭，時而雙手作出簡單、自然而輕鬆愉快的姿勢」。「他面帶微笑，容光煥發，好像他真的就坐在前廊，或者就同他們一起坐在起居室裏」。

「爐邊談話」深入淺出。「爐邊談話」面對的是廣大的普通民眾而非專業人士，而主題卻又是國內外形勢以及國家的大政方針，有些問題又有相當的專業性。要把事關國計而且不乏專業性的問題，對沒有專業背景的普通民眾講清楚，這是一個不小的挑戰。羅斯福顯然做到了，而且做得非常出色。比如，羅斯福在第一次「爐邊談話」中說的這段話——

首先，我要指出一個簡單的事實：你們把錢存進銀行，銀行並不是把它鎖在保險庫裏了事，而是用來透過各種不同的信貸方式進行投資，比如買公債、放貸款。換句話說，銀行讓你們的錢發揮作用，好使整個機構運轉起來。你們存入銀行的錢，只有很小一部分是以貨幣形式保存的，其數量在平時完全能夠滿足普通公民的現金需要。換句話說，國家所有貨幣的總量，僅僅是所有銀行全部存款中很小的一部分。

就是這不足兩百字的一段話，便把銀行業的運作機制解釋得清清楚楚。因此有人說，羅斯福短短的一兩百字，就是一堂出色的金融課。

談話並不是可以不講技巧，相反，它對技巧的要求似乎更高。羅斯福的「爐邊談話」就體現了極高的語言技巧——仍以第一次談話爲例：用親切的稱謂（「我的朋友」、「我們」）把聽眾拉到爐邊來；用各種技巧做好起承轉合、引起聽眾興趣（「你們會問」、「請讓我講清楚」等）；用各種手段使自己講清楚、聽眾聽明白（如「換句話說」等）。這樣的技巧以及大量修辭手法的運用，在「爐邊談話」中隨處可見。

細細品讀羅斯福的「爐邊談話」，我們必然會驚服於其爐火純青的語言技巧，也會不時擊節稱賞或會心微笑。

八

羅斯福「爐邊談話」的語言技巧值得細緻體味、悉心效仿，而他的熱情、樂觀、隨和、親民等領袖魅力，更應該深長體味、傾心效法——不是要成爲另一個羅斯福，而是要把人民裝在心坎裏，把各種社會力量凝聚到正面建設、扭轉危機，乃至引領經濟社會良好發展的神聖使命上來。

歷史學家給我們留下了許多關於羅斯福領袖魅力的眞實寫照——

「你要我做什麼事我都會做，你就是我們的領袖。」愛荷華州的一位眾議員寫信給羅斯福說。

「和總統在一起待一個小時以後，叫我把釘子當飯吃，我都吃得下去！」一位平日頗爲冷靜的機關負責人，對他的朋友驚歎道。

「我同富蘭克林·羅斯福很接近，就像他的跟班一樣。他在我心目中至今仍是英雄。」羅斯福政府的一位要員臨終前說。

「總統是個好夥伴——他非常聰明、機智，進能攻，退能守。他有廣泛的興趣，而且非常富有人情味。」羅斯福政府另一位性格執拗粗暴的成員哈樂德·伊克斯說。

羅斯福的領袖魅力源自何處？

領袖魅力源自羅斯福的樂觀、自信。

對此，我們無需贅述，只舉一例佐證：一九三三年初就任總統後不久，羅斯福去拜訪九十二歲高齡的最高法院退休法官奧利弗·文戴爾·霍姆斯。霍姆斯的法官職位，是羅斯福的「特德叔叔」（希歐多爾·羅斯福）任命的，他對富蘭克林·羅斯福的印象一直是：是個好人，但有點文弱。然而，此次羅斯福拜訪離開後，這位偉大的法學家在書房裏陷入了沉思。在座的朋友不解其意，老人望了望羅斯福剛剛走出去的那扇門，脫口說道：「智力二流，但性格卻是一流！」

領袖魅力源自羅斯福的坦誠、謙遜。「爐邊談話」正是羅斯福坦誠對待人民的一種方式——

他把國情、政策以及自己的想法和打算，向民眾和盤托出，就如同對自己的家人或摯友。他從不掩飾自己的觀點，同樣也毫不矯飾自己的謙遜。在第三次「爐邊談話」時，他說：「我不否認我們在做法上可能犯下錯誤。我並不指望打出去的球每次都能命中。」他引用希歐多爾．羅斯福的話說，如果正確率能達到75%，他就會十分高興。

領袖魅力源自羅斯福的操守與胸襟。羅斯福胸襟廣闊，極具包容心。他的政府官員有著各種各樣的背景，他的座上客有著各色人等。他很少黨派的門戶之見，也十分鄙視路線說教。在聯合各種社會力量共度危機方面，羅斯福顯示出極爲卓越的協調能力，各種力量都被他凝聚到身邊，形成了空前絕後的「羅斯福大聯合」。傳記作家中不乏稱羅斯福爲「代理人」或「經紀人」的，尤其是在其執政的早期。這樣的冠稱，生動揭示了羅斯福的施政理念和協調藝術。

羅斯福認爲，危機當頭，總統的角色就是要在許多分歧因素中，找出對整個國家最有利的一致目標，並透過各種手段，把各種力量調集在同一目標上來。不過，對於原則目標，羅斯福操守堅定，從不鬆懈、從不妥協。對此，大洋彼岸那個似乎對誰都不喜歡的人——阿道夫．希特勒，也在一九三三年說：「我同情羅斯福總統，因爲他越過國會、越過院外集團、越過頑固的官僚主義者，直接走向自己的目標。」

領袖魅力更源自羅斯福的親民，特別是對弱勢群體——「經濟金字塔底層被遺忘的人」——的關注。還在競選時，羅斯福一九三二年十月十九日就在匹茲堡說：「假如我們的公民中，有人陷入饑餓或極度貧困，因而有必要增加撥款，以至預算失衡，我也將毫不遲疑地把全部實情告訴美國人民，並請求他們允許我得到那筆增撥款項。」

一九三三年三月二十一日，羅斯福致國會諮文，提議成立聯邦救濟機構。五月十二日法案通過，聯邦緊急救濟署成立。羅斯福任命出身貧寒、長期從事福利工作的哈里·霍普金斯擔任該署署長。霍普金斯立下誓言，「要做到誰也不挨餓」，當一位助手呈交一份「總有一天會成功」的救濟計畫時，他說：「人民不是『總有一天』才吃飯，他們天天都得吃！」羅斯福對霍普金斯的任命，體現了他的識人之明，也體現了他自己的情感理念。

羅斯福十分注重收集民情，這靠他的智囊，靠他的妻子，更靠他自己。第一夫人埃莉諾是羅斯福瞭解民情的一個有效管道。他教妻子如何體察民情：「要觀察人們的臉色，要看一下晾衣繩上掛著的衣服……注意他們的汽車。」夫人一回到家，他就仔細地問長問短——民眾吃什麼，住得怎樣，房子如何，有些什麼教育設施。

羅斯福自己後來也經常出去巡視。有一次在巡視西部後，他對某個委員會的人們，談及一九三二年和一九三四年人們臉上神情的變化時，說：「你站在車後看人群，就能看出差別來。他們是有希望的人民。他們的勇氣都寫在臉上。他們非常愉快。他們知道面臨極大的困難，但他們正在弄清情況……」由此可見，他對民情是多麼體察入微，對民眾是多麼充滿感情。

與此相對，對那些罔顧民生、只圖自身利益的人，羅斯福卻毫不留情地給予駁斥。

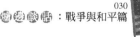

一九三四年八月，一個叫美國自由聯盟的組織成立，其著名成員有工業家、汽車製造商、石油資本家等，也有一些知名民主黨人，宗旨是「教育人們認識尊重人權和財產的必要性」。

對此，羅斯福不無譏諷地說：這個聯盟指出了兩條戒律——「保護財產的必要性和保護利潤的必要性」；他們相信兩件事——「熱愛上帝，然後忘記鄰居」。接著，他嚴正指出：「這裏說的兩種事，都沒有提到社會應當關心那些願意工作而又無事可做的人。讓人民免於挨餓，有房子住，生活過得不錯，子女享受教育，這些是政府關心的事情。除此之外，保護個人的生命和自由，不受社會上那些企圖以犧牲他人利益而獲取榮華富貴的人們之害，這也是政府義不容辭的責任。」這些話可謂立場鮮明，擲地作金石聲！

羅斯福受到美國民眾的擁戴是空前的。

傳記作家這樣寫道：「芝加哥的一名焊工，亞特蘭大的一位家庭主婦，西部小城的一個加油站老闆，都曾熱情地寫信給總統，向他傾訴自己的希望、憂慮和困難。」就是那些身爲領導者的人，也願意請羅斯福給予指點，「商人、雇主、銀行家、農場主、勞工領袖、報紙編輯，他們離開白宮時，沒有一個不是深受感動，輕鬆愉快」。

一位羅斯福政府的要員曾看到，民眾蜂擁著圍住羅斯福的汽車，對他唱歌，與他同聲歡笑，並說自己「從未見過像他這樣受人愛戴的人」。原因何在？一位美國農場聯合會的負責人寫給羅斯福的信，道出了個中秘密：「你捍衛人民的權利！」

目錄
CONTENTS

其他演說

1 談維護海洋的自由

——一九四一年九月十一日，星期四

一九四一年九月十一日，美國驅逐艦遭到德國潛艇的攻擊。就在當天晚上，羅斯福再次來到白宮的壁爐前，用他那堅定的聲音向美國民眾發表了此次談話。他憤慨地說：「當響尾蛇擺開架勢要咬你的時候，你不能等它咬你才把它踩死。」他指出，德國人「攻擊懸掛美國旗幟的船隻時，也就威脅到了我們最為寶貴的權利」。美國由此徹底走出了孤立主義，有限地參與反法西斯戰爭。

海軍部向我報告，九月四日上午，美國驅逐艦「格瑞爾號」（Greer）駛往冰島途中，抵達格陵蘭島的西南部，裝載的是寄往冰島的郵品，船上懸掛美國國旗，她作爲美國船隻，並不存在識別錯誤的可能。

「格瑞爾號」在當時當地受到了潛艇的襲擊，德國承認那是一艘德國潛艇。這艘潛艇對「格瑞爾號」發射魚雷，隨後又進行了第二次魚雷攻擊。無論德國的宣傳機構如何辯解，也不管美國阻撓參戰者組織是如何看待這次事件，我要告訴你們這一個事實，德國潛艇在事先沒有發出任何警告的情況下攻擊了美國的驅逐艦，並蓄意擊沉她。

當時，我們的驅逐艦正位於我國政府宣佈的自衛水域——大西洋環繞保護美國的前哨水域之內。

在北大西洋，我們已經在冰島、格陵蘭以及紐芬蘭建立了軍事基地，懸掛多國旗幟的船隻都要駛經這片海域。這些船隻裝載的是用於百姓的生活用品，它們也裝載軍需物資，經國會批准，美國在這些軍需物資上花費了數十億美元，這對我們本土的防禦是絕對必要的。

在執行合法任務的途中，美國的驅逐艦卻受到了攻擊。

潛艇發射魚雷時，如果看清了這是驅逐艦，那麼這種攻擊就是針對美國艦隻的一種蓄意的行爲。另一方面，如果潛艇當時是在水下航行，借助聲納裝置，沒有經過身份識別就向美國驅逐艦聲音傳來的方向發射魚雷——這也正是事後德國官方公報所辯解的，那麼這種行徑就是更加不可饒恕的。因爲這表明了一種針對海上航行船隻不分青紅皀白的暴力政策，無論你是交戰方，還是非交戰方。

這是赤裸裸的海上掠奪，無論在法律上還是在道義上。這不是第一次、也不會是最後一次，出現德國針對美國船隻犯下海上掠奪的行徑，因爲這樣的攻擊一次接著一次。

幾個月前，懸掛美國國旗的「羅賓．摩爾號」（Robin Moor）商船被納粹潛艇在南大西洋中部擊沉。這種行徑違背了國際法，違背了人類的基本準則。乘客及船員被迫在距陸地數百英里的海面上搭乘救生艇，這直接違背了國際協議。幾乎所有的國家包括德國在內都在這份協議上簽了字，納粹政府沒有道歉，沒有辯解，更沒有賠償。

一九四一年七月，一艘美國軍艦在北美海域上被一艘德國潛艇跟蹤，並在很長時間內設法進入攻擊狀態。潛艇上的潛望鏡清晰可見。當時在事發地點數百英里之內沒有美國及英國的潛艇，所以這是一艘德國潛艇無疑。

五天前，正在巡邏的美國軍艦搭救了「塞薩號」（S. S. Sessa）的三名倖存者。當時這艘船懸掛的是我們的加盟共和國巴拿馬國旗。八月十七日，在事先沒有得到任何警告的情況下，遭到魚雷襲擊，然後是炮擊。船上裝載的是運往冰島的民用物資。令人感到恐懼的是船上的其他成員已溺水身亡。鑒於德國潛艇時常出沒於該地區，不難猜出誰是襲擊者。

五天前，另一艘美國商船「斯蒂爾．斯法爾號」（Still Seafarer）在蘇伊士的南部兩百二十英里的紅海上被德國飛機炸沉。這艘商船是駛往埃及港口的。

四艘被擊沉或遭到攻擊的船隻都是懸掛美國旗幟，可以清晰識別。有兩艘是美國海軍船隻。在第五起襲擊事件中，被擊沉的船隻非常明顯地懸掛著我們的姊妹共和國巴拿馬的旗幟。

面對這一切，我們每個美國人仍然保持著克制的態度。我們的文明已使我們超越了這樣的想法，僅僅是因爲某一個國家對我們的船隻的一次襲擊就必須與之開戰。今晚我的想法和我所說的一切與任何一次孤立的事件沒有直接關係。

相反，我們美國人正從長遠的角度來審視某種基本原則，以及一系列發生在陸地和海洋的事件。必須從整體上看待這些事件，把這些事件看作是世界格局的一部分。

肆意地誇大某一孤立事件，或僅僅因爲某一次暴力行爲就義憤塡膺，這樣與一個大國的身份不相匹配。但對某些事件採取漠視的態度則是愚蠢的，也是不可原諒的，特別是有證據表明這樣的事件不是孤立的，而是一項整體計畫的一部分。

一個重要的事實是，這些肆意踐踏國際法的行徑，清晰地表明這是蓄謀已久且針對美國的圖謀。它是納粹的圖謀，企圖破壞海洋的自由，由他們獨自完全控制並主宰海洋。

因爲控制了海洋，就替他們進一步用武力控制美國及整個西半球鋪平了道路。納粹控制了海洋，美國以及其他加盟共和國的商船，便失去了從事自由貿易的權利，除非屈尊於納粹政權，聽憑納粹的擺佈。大西洋，我們自由、友好的海上貿易之路，將可能對美國的商業貿易、對美國海岸、甚至對美國的內陸城市都構成致命的威脅。

希特勒當局無視海洋法，無視所有其他國家公認的權利，擅自宣佈大片的海洋，甚至包括西半球廣闊的海域都屬於禁區，任何船隻不得以任何目的進入，除非冒著被擊沉的危險。實際上，在禁區之內以及禁區之外的廣闊海域上，納粹正任意且不加任何警告地擊沉船隻。

納粹要控制海洋的企圖，就如同納粹正在整個西半球實施的計畫，目的是一致的。因爲希特勒的先遣人員——不只是他的特工，還有我們當中希特勒的走狗——都在試圖爲他在西半球的「新世界」準備立足點，建立橋頭堡。一旦希特勒控制了海洋，這些立足點和橋頭堡馬上會投入使用。

我們十分清楚希特勒針對西半球新世界的圖謀，他的陰謀一個接著一個。例如，去年顛覆烏拉圭的陰謀，幸而被該國政府所採取的及時行動瓦解。烏拉圭的鄰國也予以全力支持。類似的陰謀同樣發生在阿根廷，該國政府經過周密的部署阻止它。最近有發生一起企圖顛覆玻利維亞政府的圖謀，在過去的幾周裏，我們也發現在哥倫比亞有秘密的空軍基地，飛機起飛後很容易就飛抵巴拿馬運河。這樣的例子不勝枚舉。

爲了達到最終主宰世界的目的，希特勒知道他必須先控制海洋。他首先須摧毀我們在大西洋上的海上運輸線。憑藉著這條運輸線，這場戰爭我們才能夠繼續打下去，並最終消滅希特勒。要到達控制海洋的目的，就要先清除我們在海上以及空中的巡邏，並且必須消滅英國海軍。

我想我有必要反覆對一些人進行解釋，他們總認爲美國海軍是戰無不勝的，而我要補充的前提是英國海軍必須得以倖存。我的朋友們，這只是簡單的算數題。

因爲，如果除了美國，整個世界都落入軸心國的統治之下，那麼軸心國在歐洲、英國以及遠東地區所擁有的造船設施，必遠遠超出美國的造船設施及造船的潛能。不僅僅是超出，而且超出兩至三倍，足夠讓軸心國贏得這場戰爭。即使美國在這種情況下動用所有的資源，試圖將海軍的艦艇翻一番，甚至再翻一番，在控制了世界其他地區之後，軸心國將擁有人力及資源多於我們幾倍的艦艇。

該是所有美國人從浪漫的幻想中醒來的時候了，不要再幻想在納粹統治的世界裏，美國人可以繼續幸福和平的生活。

一代人又一代，美國將爲海洋的自由這一政策而鬥爭。這一政策十分簡單，但卻是一項基本政策。這項政策意味著，任何國家沒有權利將浩瀚的海洋變成其他國家從事貿易的危險之地。

這始終是我們的政策，美國歷史一次又一次地證明了這一點。

我們從早期的加盟共和國時期就運用這一政策，今天仍然在運用，不僅用於大西洋，還運用於太平洋以及所有的海洋。

一九四一年，納粹發起了無限制的潛艇戰，這種侵略行徑對美國歷史悠久的政策提出了挑戰。

很明顯的，希特勒已經開始行動了，要毫不留情的廢除一切國際法準則，要用武力控制海洋。

希特勒的狼子野心，已昭然若揭，所有的人都不要再對此抱有任何幻想。

所有綏靖政策鼓吹者的呢喃耳語，認爲希特勒對西半球不感興趣；任何使人喪失警覺的催眠曲，認爲浩瀚的海洋會保護我們遠離納粹的鐵蹄，都不會對冷靜、實際而目光長遠的美國人產生任何影響。

由於這些事件，由於德國戰艦的活動和所作所爲，由於我們有確鑿的證據表明，當今的德國政府無視於國家公約和國際法，對中立國家或人民的生命沒有採取恰當的態度，我們美國人今天要不是面對抽象的理論，否則就得面對殘酷無情的現實。

對「格里爾號」的攻擊絕不是北大西洋上局部的軍事行動，這只是兩國交戰的小插曲。這是納粹決心建立世界新秩序的一個步驟，而這種世界新秩序是基於物力、恐怖和謀殺。

我確信，納粹正在注視美國的一舉一動，注視我們是否會保持沉默，是否會讓納粹在破壞世界原有秩序的路上一路綠燈。

納粹對我們西半球的威脅已不再只是一種可能，危險已經近在眼前了。我們所面對的威脅不僅僅是軍事方面的，還要面對一切法律、自由、道德和宗教的敵人。

現在我們必須正視現實，必須對這些企圖以武力征服世界、並永久主宰世界的毫無人性、肆意妄為的納粹者說：「你們試圖讓我們的子孫後代生活在恐怖主義和奴隸制之下，你們已經威脅到我們的安危，該是懸崖勒馬的時候了。」

對待那些擊沉我們船隻並屠殺我們公民的國際強盜，外交的習慣做法，比如外交照會，是沒有任何作用的。

由於沒有正視納粹所帶來的威脅，一個又一個嚮往和平的國家遭遇了滅頂之災。

美國絕不會犯這種致命的錯誤。

無論遇到任何暴力行為以及威脅行為，我們都一定要確保美國本土防禦的兩個保障。第一，是為希特勒的敵人運送戰略物資的運輸線；第二，是公海上我們船隻航行的自由。

無論我們將付出什麼，無論代價有多大，我們一定要擁有公海上合法貿易的自由。

我們不想與希特勒刀兵相見，但我們同樣不願意用這樣的代價維持和平——聽憑希特勒攻擊我們的艦船，並威脅到從事合法貿易商船的安全。

我認爲，納粹德國的頭目對美國人民或美國政府針對他們的作爲所發表的言論，不會予以太多的關注，僅僅依靠輿論的謾罵攻擊，是不會使納粹垮臺的。

在響尾蛇擺開姿勢要咬你的時候，你不能等到它咬了你才把他踩死，你要先發制人。

納粹的潛艇和水面快艇就是大西洋上的響尾蛇，他們對公海上的自由貿易之路構成了威脅。他們對我們的國家主權構成了挑戰。當他們攻擊懸掛美國國旗的船隻時，也就威脅到了我們最爲寶貴的權利，這些懸掛美國國旗的船隻是獨立、自由和生命的象徵。

所有的美國人都應當有清醒的認識，我們現在必須奮起自衛。任何對我方水域，所發動的持續不斷的攻擊，勢必削弱我們驅逐納粹的能力。

我們不要再做無謂的瑣碎分析。我們捫心自問，美國是否應當在遭受第一次攻擊時就奮起自衛，還是在第五次、第十次或是在第二十次？

積極的防禦應當就在今天。

我們不要再做無謂的瑣碎分析。千萬不能這樣說：「除非魚雷擊中了我們，所有的船員和成員都溺水身亡，我們才會奮起自衛。」

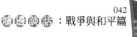

該是主動預防敵人攻擊的時候了。

如果潛艇和水面快艇能在遙遠的水域向我們發起攻擊，那他們同樣也會在我們的近海發起攻擊。納粹的潛艇和快艇會出現在任何我們認爲對美國的防禦至關重要的水域並發起攻擊。

在對美國的防禦至關重要的水域，美國的海軍和空軍不會任憑軸心國的潛艇潛伏在水下，以避免軸心國的快艇在公海的海面上對我們發起致命的攻擊。

我們的大批艦隻和戰機日夜巡邏在浩瀚的大西洋上，是爲了履行一項職責：維護我們海洋自由的政策。

這意味著擔負巡邏任務的美國艦隻和飛機會爲所有的商船提供保護——不僅是美國商船，也包括懸掛任何國家旗幟的商船，只要是處在我方保護的水域中從事自由貿易，美國的海、空軍會保護他們免受潛艇以及水面快艇的攻擊。

這種情況歷史上早已有過。

美國第二任總統約翰．亞當斯當時就下令美國海軍清除大批出沒於加勒比海和南美海域的歐洲民船和軍用艦艇，因爲這些武裝民船和軍用艦艇破壞了美國的貿易。

第三屆美國總統湯瑪斯．傑弗遜曾下令美國海軍阻止北非的海盜攻擊美國及其他國家的船隻。

作爲美國總統，這是歷史賦予我的職責。我的責任清楚明瞭，不容推卸。

當我們要爲保衛海洋而戰時，這種戰爭行爲責任不在我方。因爲海洋對美國自身安全的防禦至關重要。我們的行爲不是侵略，我們只是防禦。

因此，我們必須提出嚴正警告：從現在起，如果德國和義大利的艦艇進入我方海域，對該水域的保護或對美國的防禦又是絕對必要的，他們要對此承擔一切後果。

作爲美國武裝力量總司令，我下達命令馬上實施這項政策。

德國方面應對此負一切責任。除非德國一意孤行，置我方警告於不顧，我們不會開第一槍。顯而易見的，應對危機是總統的職責。我們必須捍衛國家的主權，鞏固我們的防禦，這是唯一可行的措施，我們發誓要維護西半球的和平。

我非常清楚執行這一措施的危險性，採取這樣的措施並非出於一時心血來潮，幾個月來我一直在沉思、在焦慮、在祈禱。爲了保衛國家，我們只能如此。

歷史上美國人民也憑靠勇氣和決心面對過嚴峻的危機。今天，他們依舊不會無所作爲。他們瞭解我們正遭受敵人攻擊的現狀，他們懂得針對敵人的攻擊勇敢防禦的必要性，他們清楚局勢要求我們保持清醒的頭腦和無畏的決心。

一個自由的民族有了這樣的精神力量，意識到了自己的責任，意識到自己所應扮演的角色，他們將得到上帝的幫助和指示，一定會堅決地抵抗眼前發生的對民主、主權和自由的攻擊。

2 關於對日宣戰

——一九四一年十一月九日，星期二

這篇談話發表在「珍珠港事件」發生兩天後的那個寧靜的晚上。美國已經正式對日宣戰，這標誌著她完全加入到反法西斯戰爭的行列中來。羅斯福說政府信任人民，會儘快公佈各種事實，但同時希望人們核實消息、不聽謠言。接著談了「不遠的過去和未來」，側重談大後方的生產以及人民應該作出的犧牲。最後談到了已經吸取的教訓，「強盜邏輯統治下的世界，任何個人、任何國家都沒有安全可言」，因此美國的參戰不是征服和破壞，而是為了一個新世界。

日本在太平洋上的突然襲擊①是十年來國際上發生的最不道德行徑。力量強大和狡詐善變的匪徒狼狽爲奸，對整個人類發動了戰爭。他們的挑戰已經擺在美國美國面前。日本人背信棄義，破壞了我們兩國之間長期的和平。許多美國士兵死於非命，美國的艦船被擊沉，美國的飛機被摧毀。

美國國會及美國人民接受了這種挑戰。與其他熱愛自由的民族一道，我們正爲了維護自己的權利而戰。爲了美國與其他一切熱愛自由的民族生活得有自由、有尊嚴，我們無所畏懼。

我已經準備將以往對日關係的全部記錄遞交國會。它始於八十八年前美國海軍准將佩里②對日本的造訪，止於上個星期天日本特使造訪美國國務卿③，就在這兩名使節拜會前一個小時，日軍對我們的國旗、我們的軍隊和我們的公民進行了狂轟濫炸。

我可以充滿信心地說，不論今天還是一千年後，我們美國人一直致力於太平洋地區的和平，我們有足夠的耐心，也願意爲之付出努力。

太平洋地區的和平對任何一個國家來說，無論是國家大小，都是公正而榮耀的。不論今天還是一千年後，對日本軍國主義公然的背信棄義，任何一個誠實的人都會抑制不住地表示憤慨和恐懼。

過去的十年中，日本在亞洲所遵循的方針，與希特勒和墨索里尼在歐洲和非洲所遵循的方針如出一轍。今天，日本的所作所爲甚至是有過之而不及。軸心國之間緊密勾結在一起。經過精心的預謀，在他們的戰略計畫中，全球所有的大陸，所有的海洋，被視作一個巨大的戰場。

一九三一年，十年前，日本入侵中國東北——未加警告。

一九三五年，義大利人入侵依索匹亞——未加警告。

一九三八年，希特勒佔領了奧地利——未加警告。

一九三九年，希特勒入侵捷克斯洛伐克——未加警告。

一九三九年稍後，希特勒入侵波蘭——未加警告。

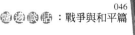

一九四一年，希特勒突然入侵挪威、丹麥、冰島、比利時和盧森堡——未加警告。

一九四〇年，義大利先後進攻法國和希臘——未加警告。

今年，一九四一年，軸心國進攻南斯拉夫和希臘，並控制了巴爾幹——未加警告。

還是一九四一年，希特勒進攻蘇聯——未加警告。

今天，日本進攻馬來亞、泰國——還有美國——未加警告。

軸心國採用的都是一種模式。

如今我們已身處戰火之中。

國家興亡，匹夫有責。

我們必須共同分擔一切有關戰爭命運的走勢：無論是好消息還是壞消息，失敗抑或是勝利。

迄今爲止，一切都是壞消息。

在夏威夷我們遭受重創。菲律賓的美軍，包括當地英勇的人民，日軍大兵壓境，處境艱難，但他們卻仍在頑強的抵抗。來自關島、威克島和中途島④的消息仍不十分明瞭，但我們必須做好準備，這三個基地隨時會淪陷。

毫無疑問，戰爭開始的最初幾天美軍的傷亡是巨大的。對那些在軍中服役官兵的家庭及他們的親屬，我表示深深的擔憂。我只能做出鄭重的承諾，他們將很快得到消息。

政府充分相信美國人民的耐力，只要滿足兩個條件就會儘快向公眾公開事實。其一，消息經過官方確認；其二，公開所得到的消息不會給敵人任何直接或間接有價値的東西。

我懇切地要求我國同胞拒絕相信一切謠言。戰爭期間會大量充斥我方大敗的負面消息，這些消息需要核實，需要審視。

例如，我可以坦率的說，在做出進一步調查之前，我沒有足夠的資訊說明在珍珠港我們損毀船隻的確切數字。直到我們弄清楚有多少損失是可以修復的，要用多久才能修復，沒人能說清損失究竟有多大。

再看另一個例子。周日晩間有一則聲明，說一艘日本航空母艦被偵察到方位，並在巴拿馬運河附近的海面被擊沉。當你聽到這樣聲明，並被告知消息來自「權威人士」時，你可以確信的是，戰時的「權威人士」絕不是什麼權威人士。

我們聽到的很多謠言和報告都源自敵方。例如，今日日本聲稱珍珠港事件使日本在太平洋上完全佔據了主動權。這種宣傳伎倆納粹已經用過無數次了。當然了，這種癡人說夢般的說法，目的是散佈恐懼情緒，在我們當中製造混亂，刺激我們洩露他們迫切想得到的軍事情報。

我們政府不會落入敵人的圈套，美國人民也同樣不會。

我們每個人都得牢記，以往我們自由快捷的溝通和交流，戰時要受到嚴格的限制。不可能全面、迅速並準確地獲悉遠方的戰報。涉及到海軍的軍事行動尤其是這樣。因爲今日高度發達的無線電技術，各作戰部隊的指揮官們，不可能通過無線電報告他們的作戰行動。這樣的話，敵人就會得到情報，也會洩露他們的方位及防禦或攻擊計畫。

官方的軍事行動報告難免會出現不及時的情況。但如果我們獲知確切的情況，就算敵人得到這些情報也不會有所幫助，我們不會對國民掩蓋這些情況。

對所有的報紙和電臺，包括所有關乎美國人視聽的媒體，我要說的是：你們對國家、對戰爭持續的時間負有最重大的責任。

如果你們覺得政府今天沒有披露足夠的事實眞相，那麼你們有權這樣說。但是，沒有來自官方管道的事實依據，從愛國的角度出發，你們沒有權利去散佈那些未經確認的報告，從而讓民眾相信這些是事實。

來自各行各業的每一位公民都肩負著同樣的責任。每一位士兵的生命，整個國家的命運，都取決於我們每一個人用何種方式去履行自己的責任。

現在我想說一說過去發生的事，以及關於我們的未來。

法國淪陷已一年半，這時全世界終於認識到這些軸心國苦心經營的摩托化部隊的強大。美國充分運用了這一年半的時間，認識到納粹可能很快對我們實施攻擊，我們開始大幅度地增強工業生產能力，目前已滿足現代戰爭的要求。

我們贏得了寶貴的時間，把大批的戰略物資提供給所有對抗軸心國的侵略、正在浴血奮戰的國家。我們的政策是基於這樣一個基本的道理：任何一個爲了保衛自己國家而對抗希特勒和日本侵略的戰爭，從長遠的角度看，都是在保衛我們自己的國家。這種政策證明是正確的，它給我們提供了寶貴的時間建立生產線。

某些生產線目前已投入生產，其他一些正在加緊完工。大量的坦克、飛機、槍枝、戰艦、炮彈以及其他軍需品，正源源不斷生產出來。這就是這①八個月時間爲我們提供的。

不過，這些僅僅是我們所要做的第一步。面對如此狡猾、強大的敵人，我們要做好打持久戰的準備。像珍珠港這樣的襲擊完全會在任何一個地方重演——在整個西半球的任何海域，或是美國的海岸線。

這不僅是一場持久戰，還將是一場異常艱苦的戰爭。這將是我們制定一切計畫的基礎，也是衡量我們將來需要什麼的標準：資金，原物料，兩倍、四倍提高生產——不斷地增產。生產不能僅局限於供給美國的陸、海、空軍，還必須支援整個美洲以及全世界與納粹作戰的陸、海、空軍。

今天我一直在探討關於生產的問題，政府已決定採取以下兩項基本政策：

首先，增加現有的生產。所有軍需品的生產要不斷加強，晝夜不停，包括原材料的生產。

第二項政策也正在付諸實施。通過建立新工廠，擴建老工廠，領用小型工廠，加大生產能力，以適應戰時需要。

在過去的十幾個月當中，我們遇到過阻礙和困難，有過分歧和爭執，有些人甚至是漠不關心，麻木不仁。我相信所有的這些都已經過去，都將被我們拋在腦後。

我們已經在華盛頓成立了一個由各行各業專家所組成的機構，政府已清醒的認識到，應把各行各業的專家整合到一起，形成前所未有的團隊力量。

前方的路更加艱辛：要做大量艱苦的工作，日日夜夜，每時每刻。

我還要補充的是，在不遠的將來，我們每個人都要做出犧牲。

但是，用「犧牲」這個詞並不準確。當國家在爲生存和未來的美好而戰的時候，美國人從不認爲替國家所做的一切是犧牲。

任何一位美國公民，能夠從軍爲國而戰，這不是犧牲，這是一種榮幸。

任何一家企業，任何一位靠薪水度日的公民：農民或是店主、列車員或是醫生，繳納更多的稅，購買更多的國債，放棄額外的利潤，在適合自己的工作崗位上加班加點的辛勤工作，這不是犧牲，這是一種榮幸。

響應國家的號召，爲了國家抗戰的需要而放棄我們習以爲常的某些東西，這也不是犧牲。

今天上午經過反覆思考，我得出這樣的結論，目前我們不必削減正常的食品消費，我們有足夠的糧食自給，同時還有餘裕供給那些站在我們一邊與敵人作戰的人。

不過，有一點很明確，供民用的金屬會很短缺。原因很簡單，過去用於民用產品上的金屬要轉爲軍用，因爲戰爭的需要提高軍需品的生產量。是的，我們必須完全放棄某些東西。

我相信美國的每一位公民都在各自的生活中爲打贏這場戰爭做好了準備。我相信隨著戰爭的進行，美國公民會願意傾其所有爲美國的抗戰做出貢獻。當國家發出號召之時，我相信他們會願意放棄那些物資上的東西。

我也相信美國人民會保持昂揚的鬥志，沒有了精神的力量，我們將無法獲勝。

我重申，美國一定能夠取得最後全面的勝利，不僅要洗刷日本人給我們帶來的恥辱，還一定要徹底剷除世界上一切野蠻行徑的根源。

昨天我在致國會的諮文中說：「我們一定要確保這種背信棄義的行爲永遠不再危及我們的安全。」爲了確保這一點，我們必須著手應對眼前的局面，徹底摒棄這樣的幻想，認爲我們可以孤立於世上其他民族而存在。

過去的幾年裏，尤其是過去的三天，我們吸取了慘痛的教訓。

這是我們對死者的責任，這是我們對死者的後代及我們後代的負責，我們永遠也不能忘記這些教訓，這是我們神聖的職責。

以下是我們吸取的教訓：

強盜邏輯統治下的世界，任何個人、任何國家都沒有安全可言。

當強大的敵人採取突然襲擊的方式發起攻擊，任何的防禦都不會是堅不可摧的。

我們已經認識到，雖然遠隔重洋，西半球並非高枕無憂，也同樣會受到納粹的攻擊，我們不能用地理上的距離來衡量我們的安全。

我們應該承認，我們的敵人已經採取了十分高超的欺騙戰術——精心籌畫發起攻擊的時間和戰術。這是一種徹頭徹尾的無恥行徑，但我們必須要面對這樣的現實：現代戰爭中，納粹的作戰方式本身就是骯髒的。我們不喜歡這樣的方式也不想參與其中，但是我們已被牽涉進來，並且將傾其所有與之戰鬥到底。

我不認爲，任何美國人會懷疑我們有能力給這些戰犯以應有的懲罰。

你們的政府已經得知，幾個星期以來德國一直在告誡日本：日本如不攻擊美國，當和平到來之時，日本將不能與德國一道分享勝利的果實。德國承諾日本：如果日本參與其中，日本將可以完全並永久性地控制整個太平洋地區：不僅是遠東、所有太平洋上的島嶼，還將控制北美、中美和南美的西海岸。

我們還知道，德國和日本正按共同的計畫實施軍事行動，這項計畫把一切與軸心國作對的民族和國家都視作軸心國成員的共同敵人。

這就是他們簡單而又野心勃勃的戰略思想，這也是爲什麼我們必須要制定同樣的戰略。例如，我們必須了解，在太平洋上日本打敗美國，就是支持德國針對利比亞的軍事行動；德國在高加索山脈地區軍事上的勝利，必然是對日本在東印度軍事行動的援助；進攻阿爾及爾和摩洛哥，就是爲德國通過南美和巴拿馬運河打開了通道。

另一方面，我們必須學會理解，針對德國的游擊戰對我們有極大的幫助，比如塞爾維亞和挪威的游擊戰；蘇聯對抗德國對我們是極大的幫助；英國在任何地方陸地或海上的勝利也是對我們極大的幫助。

讓我們牢記，無論正式宣戰與否，當德國和義大利與英國、蘇聯處於戰爭狀態之時，就已經與美國處於戰爭狀態了，德國也等於將所有美國的加盟共和國納入了敵對的範疇。西半球所有盟國的人們應當以此爲榮。

我們所追求的目標絕不僅僅是在醜惡的戰場上。當我們訴諸武力的時候，就像現在所做的一樣，是因我們就已下定決心接受武力是針對眼前和最終的邪惡。我們美國人不是破壞者，而是建設者。

我們已捲入戰場戰爭，不是爲了征服，也不是爲了報復，而是爲了一個新世界。

美國及美國所主張的一切，對我們的後代都是安全的，我們期望清除來自日本的威脅。但如果我們做到了這一點，卻發現希特勒和墨索里尼主宰了世界的其他地區，我們將依然身處威脅之中。

我們將贏得這場戰爭，也將贏得隨之而來的和平。

在目前以及日後的艱苦歲月中，我們知道全世界大多數人都站在我們一邊。他們當中的許多人正與我們並肩戰鬥。所有的人都在爲我們祈禱，因爲我們的事業是共同的——按上帝的旨意實現自由的希望。

注釋：

①這裏的突然襲擊，即眾所周知的日本偷襲珍珠港。

②這裏的「造訪」，指一八五三～一八五四年時美國海軍准將佩里率艦抵達日本，迫使日本改變政策而與西方建立貿易和外交關係。佩里（Pary，一七九四～一八五八）為美國海軍軍官，在美墨戰爭中曾指揮海軍立功。海軍准將的軍銜已於一八九九年廢止，二戰期間暫時恢復後又廢除。

③「日本特使的造訪」指：一九四一年十一月七日（華盛頓時間，星期日）日本偷襲珍珠港後，下午二時二十一分，兩名日本使節來到美國國務院，向國務卿赫爾遞交了日本與美國斷絕外交關係的聲明。

④這三個島嶼是夏威夷與美國本土之間的太平洋島嶼，戰略地位顯著。二戰期間，美日在中途島曾發生激烈海戰。

3 談戰爭的進程

——一九四二年二月二十三日，星期一

一九四〇年二月二十三日是美國開國總統華盛頓誕辰二〇九年紀念日，羅斯福選在這個日子作「爐邊談話」，也許意在以當年華盛頓領導獨立戰爭的堅忍不拔來激勵民眾。這次談話中，羅斯福用了道具——地圖，詳盡地概括、剖析了戰爭形勢，尤其是亞洲太平洋地區的戰況。他還呼籲民眾甩開流言蜚語，相信政府。接著，他提出了對大後方民眾一如既往的要求——保證完成戰時的特殊生產任務。篇中這個句子同樣成了格言：「在國家危機之時，我們應該懂得並牢記這樣一個道理：國家對我們來說意味著什麼，我們應該為國家做些什麼。」

美國同胞們：

華盛頓總統的生日是一個非常恰當的時機，我們來探討一下今天以及將來我們要面對的事情。

在長達八年的時間裏，喬治·華盛頓和他的大陸軍①都一直面臨著無法克服的困難及無數次的失敗，比如補給和軍需的匱乏。在某種意義上，每個冬季都是一個熔爐谷②。所有十三個州當中都有第五縱隊，還有自私者、妒忌者、膽小害怕者，他們都聲稱華盛頓的事業毫無希望，只有透過妥協談判實現和平。

打那時起，華盛頓在艱苦歲月中的行爲，就爲所有美國人樹立了在精神上堅忍不拔的典範。他堅持自己的方針路線，這在《獨立宣言》中有明確的表述。他和與他並肩戰鬥的勇士們深知，沒有自由及國家的獨立，個人的生命財富也就沒有了保障。

目前的這場戰爭，越來越讓我們認識到，個人的自由和財產的安全要取決於世界其他地方是否擁有民主和正義。

這場戰爭是史無前例的。

它與以往任何一次戰爭都有所不同，不僅僅是在作戰方式和武器裝備方面，還在於戰爭波及範圍之廣。這場戰爭波及到了每一個大陸，每一個島嶼，每一片海域，以及每一條空中航線。

所以我才要你們拿出並攤開一張世界地圖，跟著我看看這場波及全球的戰爭戰線之長。恐怕許多問題今晚找不到答案，但我清楚，你們能夠理解我不可能在每一次簡短的報告中涵蓋一切。

浩瀚的海洋一直被看作是保護我們的天然屏障，但目前它已經變成一個巨大的戰場。我們正不斷地受到敵人的挑戰。

我們必須看清並面對這樣一個嚴酷的現實：我們得在全球各地與敵交戰。

我們要在遙遠的地方與敵交戰，因爲我們的敵人在那裏。源源不斷的補給使我們佔有絕對的優勢，無論何時何地，我們都要堅持打擊敵人，即使在某一段時間內我們被迫放棄。實際上，每一天敵人都要付出慘重的代價。

我們要在遙遠的地方與敵交戰，爲了保護我們的補給線以及與盟軍之間的交通線。敵人正在竭盡全力，爭分奪秒地想切斷它們。納粹和日本的目標是將美國、英國、中國和蘇聯分割開來，各個擊破並切斷補給和增援。這就是軸心國「分而殲之」（divide and conquer）的慣用伎倆。

有些人仍在考慮近海防禦。他們建議把所有的戰艦、飛機和商船都安排在我們自己的水域或領空，集中力量做最後的防禦，如果眞是遵循這樣愚蠢的建議行事，我來告訴你們將會發生什麼。

請看你們的地圖，請看遼闊的中國，那裏有數以百萬計的民眾正在浴血奮戰。

請看遼闊的蘇聯，他們擁有強大的軍事力量。

請看英吉利群島、澳大利亞、紐西蘭、印度、近東及非洲大陸，那裏蘊藏著豐富的自然資源和原物料，哪裏的人們決心對抗軸心國的侵略。

再來看看北美、中美和南美，也同樣如此。

無論是敵人所爲還是我們自己所爲，如果所有這些蘊含大量人力、物力和財力的地區都被分割，將會發生什麼，這是顯而易見的。

首先，我們將無法再爲中國提供任何的援助。五年來，勇敢的中國人民對抗了日本的侵略，殲滅無數日軍並摧毀大量的日本佔領物資。援助中國進行英勇的抗戰並發起反擊是非常必要的，因爲中國的抗戰將是最終戰勝日本的重要因素。

其次，如果我們與西南太平洋的通道被切斷，該地區所有的地方，包括澳大利亞和紐西蘭，都將落入日本人手中。以這些地方為基地，日本就能夠派遣大量的艦船和飛機，對西半球海岸發起大規模的攻擊：南美、中美、北美，包括阿拉斯加。同時，日本會立即出兵印度，穿過印度洋到達非洲及遠東，並盡力與德國和義大利合併一處。

第三，如果我們停止為地中海地區、波斯灣和紅海地區的英國和蘇聯軍隊運送軍火，我們就是在幫助納粹，讓納粹的禍水在土耳其、敘利亞、伊拉克、伊朗、蘇伊士運河氾濫，當然還有整個西非海岸。這樣，德國便有了落腳點，能輕易攻擊南美，距南美只有區區一千五百英里。

第四，如果實施這樣愚蠢的政策，我們將不再保護到英國和蘇聯的北大西洋補給線，這將嚴重影響並削弱蘇聯對納粹的反擊，也將使英國失去了食品和軍火的補給。

那些心存幻想、認為美國可以孤立生存的人，是想讓美國之雄鷹效仿鴕鳥的做法。很多這樣的人擔心我們可能會引火焚身，他們想使美國這隻雄鷹變成烏龜。但我們還是要做雄鷹，在藍天上翱翔，並對獵物發起猛烈的攻擊。

我知道，當我談到我們拒絕採行縮頭烏龜政策，我代表的是廣大美國民主的意願。我們將繼續推行既定的戰爭政策，在遙遠的戰場與敵交戰——盡量遠離美國本土。

我們現在有四條主要的海上運輸線：北大西洋、南大西洋、印度洋和南太平洋。這些航線並非單一用途：運出部隊和軍火，也運回我們急需的原物料。

維護這些海上生命線是一項艱巨的任務，需要巨大的勇氣、大量的物力和財力。最重要的是，必須生產出大量的飛機、坦克和槍枝，當然還有運輸船來運送這些軍火。我再次代表美國民眾做出承諾，我們能夠並將完成這個任務。

保住這些運輸線必須確保沿運輸線的海域和空中安全無虞，這反過來取決於我們能否控制沿運輸線的戰略基地。

若要取得制空權，我們必須同時擁有兩類飛機。首先是遠程重型轟炸機；其次是輕型轟炸機、俯衝轟炸機、魚雷飛機和短程驅逐機。所有這些在對基地的保護和對轟炸機自身的保護中都是必不可少的。

遠程轟炸機從這裏起飛可直達西南太平洋，但輕型飛機做不到。因而，輕型飛機只能用航空母艦運載。

再來看一下地圖，你將看到航線相當長，許多地方都十分危險：無論是穿過南大西洋一直繞過南非和好望角，或從加利福尼亞一直到中印度地區。任何一條航線往返都要將近四個月，一年也只能往返三次。

儘管路途遙遠，運輸難度大，在這兩個半月時間裏，我們生產了大量的轟炸機和驅逐機，如今正在西南太平洋地區與敵人每日交戰，成千上萬的美軍參加了太平洋戰爭。

在太平洋戰場上，最初日軍佔有明顯的優勢。因爲日軍的近程飛機可以利用太平洋的許多島嶼基地直接起飛攻擊目標，還包括中國沿海、印度支那沿海，以及泰國和馬來沿海的許多基地。日本可以從中國或日本本土，穿過狹窄的中國海向南部運送部隊，全程都處於日軍飛機的保護之中。

請你們再看一下地圖，特別是夏威夷以西整個太平洋地區。戰爭開始前，菲律賓群島已被日軍三面包圍。西面，中國這一邊，日軍已經佔領了中國沿海和印度支那沿海。北面，日們本土列島已幾乎延伸至呂宋島。東部，是託管的島嶼——日軍已完全獨佔這些島嶼並駐有重兵，完全違背了日本的書面承諾。

夏威夷和菲律賓之間的這些島嶼有數百個。

在地圖上，這些島嶼就是一些星羅棋佈的小點。但是他們卻具有重要的戰略地位。關島位於這些島嶼的正中央，是一個孤零零的海上基地，島上有日軍重兵把守。

根據一九二二年的《華盛頓公約》③，美國鄭重承諾不再向菲律賓增兵，在那裏，我們已經沒有安全的海軍基地，所以不能利用這些島嶼進行大規模的海上軍事行動。

戰爭爆發之後，日軍馬上進軍菲律賓的兩翼，佔領了菲律賓以南無數島嶼，從東西南北四個方面完全包圍了菲律賓。

正是這種完全的保衛，日本空軍擁有絕對的制空權，阻止了我們向菲律賓運送援兵和戰略物資。四十年來這一直是我們的戰略：倘若日本對菲律賓群島發動大規模的進攻，我們不應當立刻發起反擊，我們應逐步退至巴丹半島和克雷吉多爾島④。

我們深知，這場戰爭我們應當同日軍展開曠日持久的消耗戰，並取得最終勝利。我們深知，隨著戰爭進程的發展，憑藉我們深厚的國力，我們比日本有更強的生產能力，並最終在海上、陸地和空中佔據壓倒性優勢。我們深知，爲了達到我們的目的，我們要在更多的地區採取各種軍事行動，而不應局限在菲律賓群島。

過去兩年中所發生的一切，使我們更加堅定了我們的基本戰略。麥克亞瑟⑤將軍指揮的防禦戰之頑強，遠超出了我們先前的估計，他和他所率領的勇士之英名將流芳百世。

麥克亞瑟率領的菲律賓軍隊、美國軍隊以及駐紮在中國、緬甸、荷屬東印度群島的聯合國軍隊，都在執行同樣重要的戰鬥任務。他們要讓日本建立「大東亞共榮圈」的狂妄野心付出慘重的代價。每一艘在爪哇島附近海域被擊沉的運輸船，都削弱了日本對該地區正在同麥克亞瑟交戰日軍的增援。

有人說日軍奪取了菲律賓群島，是因爲日軍採取了珍珠港事件一樣的突然襲擊。我想告訴你們原因未必如此。

即使日軍沒有發起突然襲擊，當所有的太平洋島嶼都處在日軍的掌控之中，跨越數千英里將艦隊派往該地區也是不可能的。

美軍在珍珠港事件中的損失，被日軍肆意的誇大了，儘管損失十分慘重。這些誇大之詞都源自軸心國的宣傳機構。但我很遺憾地說，這些誇大的言辭被美國的民眾一遍一遍地重複。

我和你們一樣，為這樣的美國人感到羞恥。自珍珠港事件以來，他們在私下裏談論或非正式地宣稱美國的太平洋艦隊已不復存在；在十一月七日所有的艦隻都被擊沉或摧毀；一千多架飛機還沒起飛就被炸毀。這些人含糊其辭地暗示民眾，政府隱瞞了眞實的傷亡數字，說什麼有一萬一千人或一萬二千人在珍珠港事件中遇難，而並非政府所公開的數字。

他們甚至充當納粹的宣傳員，到處散佈捕風捉影的消息，說一船一船的美國士兵的屍體即將運抵紐約港，將集體埋在公墓裏。

幾乎所有軸心國的宣稱廣播——無論是柏林、羅馬還是東京——都在引用美國人自己的這類錯誤報導。

美國人應該懂得，在很多情況下，軍事行動的細節是不能透露的，除非我們確定公開這些細節不會給敵人提供他們還沒有掌握的情報。

政府對美國的民眾完全有這樣的信心：聽到最壞的消息，不會畏懼，也不會喪失信心。反過來說，民眾應當對政府充滿信心，相信政府不會對公眾隱瞞眞相，除非公開的資訊有利於敵人打擊我們。在民主的國度裏，政府和國民之間應當以誠相見。

但在很多事情的處理上我們一定要愼之又愼，這一點對那些政府的批評者們來說也同樣。

這就是戰爭。

美國民眾想知道，也將會得知戰爭發展的整體趨勢。但他們同我們的前線士兵一樣，不會願意去幫助敵人。對於那些流言蜚語和小道消息的散佈者，我們大可以不予理會。

甩開那些流言蜚語，讓我們來看看事實眞相。

十一月七日珍珠港事件中死亡的美軍官兵是二千三百四十人，受傷的有九百四十六人。所有停泊在珍珠港的戰船中，包括戰列艦、重型巡洋艦、輕型巡洋艦、航空母艦、驅逐艦以及潛艇，只有三艘完全喪失了戰鬥能力。

太平洋艦隊的大部分艦隻並沒有停泊在珍珠港。某些停泊在珍珠港的艦隻也只是遭到輕微的破壞。其他一些受損的艦隻要麼重返戰場，要麼正在維修。當這些戰艦維修完工之後，他們將擁有更加強大的戰鬥力。

有報告說我們在珍珠港損失了一千餘架飛機，這像其他謠言一樣是毫無根據的。日本人並不清楚珍珠港事件爆發當天他們究竟摧毀了我們多少架飛機。但我可以告訴你們，迄今爲止我們擊毀日機的數量，遠遠超出我們被擊毀的飛機數量，包括珍珠港事件在內。

我們當然也遭受了巨大的損失。

這些損失不僅來自太平洋上的日本人，還來自大西洋上德國的潛艇。

在戰爭初期我們所遭受的損失還會更多。但是，我代表美國向全世界的人們承諾：我們美國已被迫做出了讓步，但我們將會收復失地。美國以及其他同盟國發誓要徹底消滅日本和德國軍國主義。

我們的實力日益壯大。用不了多久，我們將發起反擊。我們，而不是他們，將獲得最終的勝利。我們，不是他們，將贏得最終的和平。

歐洲被佔領的國家都深知被納粹統治的後果。朝鮮和中國東北的人們也親身體驗到了日本的暴政。所有亞洲的人民都深知，如果想要擁有一個美好的未來，人人能有做人的體面和尊嚴，這種未來就要取決於盟軍的勝利，掙脫納粹的統治和奴役。

要想獲得眞正、持久的和平，即使我們僅僅想保全自己，我們每一位公民都要牢固樹立這樣一個信念：保證完成戰時特殊的生產任務。

德國、義大利和日本生產飛機、槍枝、坦克和艦船的能力已幾乎達到了極限。而同盟國還遠沒有達到，尤其是美國。

我們的首要工作是加大生產力度，夜以繼日地生產，以確保美軍能擁有海上優勢並擁有制空權——不是略佔優勢，而是要占絕對優勢。

今年的一月六日，我確定了所要生產的飛機、坦克、槍枝和艦艇的確切目標。軸心國說這些目標是異想天開。今晚，也就是兩個月後，經過唐納德·尼爾森和其他負責生產官員的仔細調查，我可以告訴你們，這些目標即將實現。

在我們國家的每一個角落，專家和工人們都在爲了國家而忘我地工作，夜以繼日的生產。除了個別情況，勞動者、投資者、和農場工人都意識到現在不是謀取超額利潤的時候，也不是彼此之間互相競爭的時候。

我們需要建立新工廠，擴充原有的工廠，我們需要工廠轉產以適應戰爭的需要，我們正需要更多的人來營運這些工廠，我們正夜以繼日的工作。

我們意識到多生產出一架飛機、一輛坦克、一支槍或一艘軍艦，或許就能在幾個月後改變遠方戰場的戰局，就可能會讓美軍的官兵少流血、少犧牲。我們深知，如果我們戰敗，將需要幾代人、幾個世紀才會讓民主的理念重生。

除非我們不做更多的努力，除非我們把軍火都浪費在互相的摩擦上，否則我們是不會戰敗的。

對每一位美國人來說，這裏有三個崇高的目標：

第一，我們應該不分晝夜的生產。如果我們中間出現分歧，我們應保留分歧，堅持生產，直到我們打贏這場戰爭。這些分歧可以透過調解或仲裁來解決。

第二，我們不應爲某個團體、或某個職業謀求利潤、特權或利益。

第三，如果國家向我們發出呼籲，我們應當放棄某些便利，並調整我們的生活習慣，我們應當欣然爲之。我們不能忘記那些共同的敵人正蓄意破壞我們的家園和我們的自由。

這一代美國人已經意識到，有些東西比個人的生命和某些團體的生存更重要。

個人有時候必須做出犧牲並樂於做出犧牲，不僅僅是個人的享樂、私人的財物、與摯愛親人的交往，甚至還包括個人的生命。在危險時刻，在國家危在旦夕之時，我們應該懂得並認識到這樣一個道理：國家對我們來說意味著什麼，我們應爲國家做些什麼。

軸心國的宣傳機構曾殫精竭慮的要瓦解我們的意志和士氣。由於收效甚微，他們正想方設法消除我們對盟國的信心。

他們宣稱英國已經戰敗，蘇聯和中國也即將投降。有愛國心、有頭腦的美國人是不會相信這些荒唐至極的謠言。不去聽信納粹的宣稱，他們將會讓我們回憶起納粹德國和日本曾經說過、現在仍然在說的一些話。

自從美國提供軍火給一切爲民主而戰的國家，自從美國頒佈了租借法，所有軸心國的宣傳就有了一個永恆的主題。

這個主題便是：美國很富有；美國是個經濟強國，但是美國人很軟弱也很頹廢，他們是不會也不願意聯合起來並肩工作和戰鬥的。

從柏林、羅馬到東京，我們美國一直被描述成一個意志薄弱的民族——一群「花花公子」，這個國家只會雇用英國士兵、蘇聯士兵和中國士兵爲其衝鋒陷陣。

現在讓他們重複這樣的說法！

讓他們把這樣的話告訴麥克亞瑟將軍和他率領的勇士。

讓他們把這種說法重複給那些正在遙遠的太平洋上與敵人浴血奮戰的美軍官兵。

讓他們把這種說法告訴那些正駕駛空中堡壘執行任務的空軍戰士。

讓他們把這樣的話告訴我們的海軍陸戰隊員。

聯盟國家之間的關係十分友好。這些國家各自獨立，彼此尊重，彼此平等對待。同盟國致力於共同的事業。他們共同分享並承擔一切：共同的熱情、悲痛、和戰爭帶來的巨大創傷。在這場我們已結為盟友的戰爭中，我們必須按同意的計畫行動，並扮演幾個角色。同盟國的每一個國家都是平等的，不可或缺的，並且互相依賴的。

我們有統一的指揮，我們團結協作，同仇敵愾。

我們美國人將擰成一股繩，願意付出犧牲，願意做出努力。這意味著舉國上下空氣的團結：不分種族、宗教和政治觀點。美國人希望看到這一天。美國人將用自己的方式和途徑向敵人表明我們的決心，其中包括日本海軍大將⑥——此人曾狂妄地說，他將在白宮以戰勝國的身份，以強硬的姿態，片面裁決和平條件。

我們聯合國家也同意在某種總的原則下達成和平協定。《大西洋憲章》⑦不僅適用於環大西洋地區的國家，也適用於整個世界。解除侵略者的武裝，民族自決，還有四項自由：言論自由、信仰自由、不虞匱乏的自由，和免於恐懼的自由。

英國人民和蘇聯人民已親身感受到了納粹攻擊之慘烈，倫敦和莫斯科的命運幾度危在旦夕。

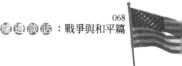

但毋庸置疑的是，英國和蘇聯都永不會妥協投降。今天，在偉大的蘇聯紅軍慶祝其建軍二十四周年之際，所有同盟國國家都向他們表示敬意。

儘管國土淪陷，荷蘭人民仍然在海外不屈不撓地戰鬥。

偉大的中國人民遭受了巨大的損失，重慶幾乎被夷爲平地，但重慶依然屹立在戰火中，是不可戰勝的中國人民的首都。

在這場戰爭中，所有的同盟國國家都始終秉持著這種不屈不撓的精神。

目前美國所面臨的任務在最大限度地考驗著我們。從未像現在這樣要求我們付出如此巨大的努力；從未像現在這樣要求我們在這樣短的時間內完成如此多的任務。

「考驗人們靈魂的時刻到了。」湯瑪斯・潘恩⑧在營火旁將這句話寫在鼓面上。這就是當時華盛頓率領的衣衫襤褸、意志堅定的一支小部隊穿越新澤西時的寫照：寡不敵眾，屢敗屢戰。

華盛頓將軍將湯瑪斯・潘恩寫的這句豪言壯語讀給大陸軍的每一位官兵，這些話給了美國第一支軍隊以堅定的信念和勇氣。

在這樣的危急時刻，只能打勝仗的士兵和只能共歡樂的愛國者，都有可能因爲目前的逆境而畏縮不前。能堅持到最後的人將得到人民的感激和愛戴。暴政就如同地獄，是不會輕易就被推翻的。然而，我們都應這樣撫慰自己：「作出的犧牲越大，贏得的勝利就越加輝煌。」

美國人民在一七七六年如是說。

今日的美國人民仍舊如是說。

注釋：

①大陸軍（Continental Army）是美國獨立前、美洲殖民地反抗英國殖民統治的軍事力量，由第二次大陸會議決定組建，華盛頓被任命為總司令。

②熔爐谷（Valley Forge），也譯福吉谷、瓦利福奇等，在賓夕法尼亞州境內。一七七七～一七七八年間，華盛頓大陸軍以此作為冬季營地。當時的大陸軍缺吃少穿，處境極為艱難。

③《華盛頓公約》（The Washington Treaty）即前文提到的華盛頓會議（太平洋會議）簽訂的《九國公約》等文件。

④巴丹半島位於菲律賓呂宋島西部，是第二次世界大戰戰場之一。科雷吉半島位於菲律賓西北部（馬尼拉河入口處），一九四二年五月日軍曾在此大敗美軍。

⑤麥克亞瑟（D. Mac Arther，一八八〇～一九六四），五星上將。一九三六年起擔任駐菲律賓美軍總司令，次年退役。一九四一年恢復軍籍，任遠東軍總司令、西南太平洋盟軍總司令，參與指揮了遠東對日地面作戰。

⑥指日本聯合艦隊司令官山本五十六。他參與了一九四一～一九四三年日本海軍太平洋作戰計畫的制定，首先指揮偷襲了珍珠港。

⑦《大西洋憲章》（The Atlantic Charter）是羅斯福和英國首相邱吉爾於一九四一年八月十四日在大西洋紐芬蘭海面「威爾士王子號」巡洋艦上會談後簽署的檔案，聲明兩國不追求領土或其他方面的擴張、尊重民族自決、贊同摧毀納粹暴政和解除侵略國家的武裝等。該宣言促進了反法西斯聯盟的形成。

⑧湯瑪斯．潘恩（Thomas Paine，一九三七～一八〇九），美國政論家和啓蒙學者。獨立戰爭時任大陸會議外交事務委員會秘書。一七七六年發表小冊子《常識》，號召殖民地反抗英國統治。

4 談我國的經濟政策

——一九四二年四月二十八日，星期二

這次談話仍然談戰事，主題的是戰時的經濟政策。美國正式參戰以後，被捲入戰爭的不只有前線的戰士，勢必包括後方的人們；不僅有軍事機構，也勢必包括其他部門。為了儘早贏得戰爭的勝利，後方的經濟社會必須成為戰爭機器，後方的人們必須為戰爭犧牲一些個人利益。羅斯福在談話中涉及戰時經濟政策的七大原則就是在這種背景下提出來的。為了得到大眾的理解和支持，羅斯福先談了前方戰況，闡明了政策的必需性；接著透過與被佔領國人民的生活對比，闡明美國人民的付出算不上巨大犧牲；最後，不厭其煩地列舉前線將士的英勇犧牲精神，以此來激勵民眾。談話中既有強硬的警告，又有和緩的勸說；既曉之以理，又動之以情。

我的美國同胞們：

珍珠港事件已過去近五個月了。珍珠港事件爆發之前的兩年裏，我們一直在調整經濟政策，軍火的生產已達到相當高的水準。然而，我們在戰爭中所做的努力，並未影響到絕大多數人的正常生活。

自珍珠港事件爆發以來，我們已經向數千英里之外的軍事基地和前線派遣了強大的海空軍，以及數千名美軍士兵。我們已增加了軍需品的生產，以此最大限度地考驗我們的工業生產能力、

工程專家的創造能力以及我們的經濟結構。對這次戰爭我們不存任何幻想，做好了長期、艱苦作戰的準備。

美國海軍正在北大西洋、南大西洋、北冰洋、地中海、印度、北太平洋和南太平洋地區與敵交戰。美軍現已駐紮在南美、格陵蘭、冰島、不列顛群島，近東、中東和遠東、澳大利亞大陸以及許多太平洋上的島嶼。

美軍的戰機正在所有的大陸及海洋上空與敵機交戰。

歐洲戰場上，過去一年中最重要的進展，毫無疑問是偉大的蘇聯紅軍對納粹德國發起的摧枯拉朽之反擊。蘇聯紅軍已經摧毀並正在消滅更多的納粹力量：軍隊、飛機、坦克、槍枝，比其他國家加在一起的總和還要多。

地中海地區的情況沒有太大的變化，但這一地區的局勢正得到越來越多的關注。

最近我們得到消息，法國政府發生了變化。過去，我們一直稱之爲法蘭西共和國——一個對熱愛自由的人來說十分親切的名字。這個名字以及相應的政府機構將很快恢復，擁有主權國家的尊嚴。

整個納粹對法國的統治期間，我們一直希望保住法國政府，努力恢復法國的獨立，重建「自由、平等、博愛」之原則，並恢復法國的歷史與文化。從戰爭初始，這就是我們一貫的政策。然而，我們現在非常擔憂，擔心那些新近執政法國的當權者們①試圖迫使勇敢的法國人民屈服於納粹的專制統治。

盟國將採取必要的措施，阻止軸心國利用法國在全世界任何一個地方的領土從事軍事活動。法國人民一定會理解盟軍這樣的行動。對盟國來說，阻止一切對德國、義大利和日本陸海空部隊的軍事援助是極其重要的。

絕大多數法國人們都懂得，盟軍的戰鬥從根本上說也是爲他們而戰，盟軍的勝利就意味著法國恢復自由和獨立，也就意味著將法國從外敵及內部賣國賊的奴役枷鎖中拯救出來。

我們理解法國人民的眞實感受。我們懂得要有決心阻止軸心國的每一步計畫：從納粹佔領下的法國，到維希法國②，一直到每一片海域、每一塊陸地的法國殖民地。

我們的飛機正在保衛法國的殖民地，不久美軍的空中堡壘將爲解放被戰爭陰霾籠罩下的歐洲而戰。

在所有被佔領的國家中，所有的人、甚至是兒童都沒有停止過戰鬥，沒有停止過抵抗，沒有停止過向納粹證明，納粹所謂的「新秩序」（New Order）將永遠無法強加到自由的人頭上。

德國和義大利本國的民眾越來越堅信納粹和法西斯是沒有希望的，他們的領導人將他們帶上一條痛苦之路：不是征服全世界，而是徹底的失敗。他們的領導者今日狂亂的言辭，與一年或兩年前狂妄的吹噓形成鮮明的對比，讓人不敢相信自己的耳朵。

另一方面，在遠東地區，我們節節敗退的階段已經過去。

由於敵我力量對比懸殊，菲律賓群島的大部分地區落入了敵人的手中。全體美國人民都不會忘記那些長期在巴丹半島堅持戰鬥的菲律賓和美國官兵；不會忘記那些堅守克雷吉多爾島，讓軍旗始終高高飄揚的勇士；不會忘記那些仍在棉蘭老島以及其他島嶼上痛擊敵軍的將士。

馬來亞半島和新加坡已經淪陷；荷屬東印度群島已被完全佔領，儘管還有零星的抵抗，許多其他島嶼已被日軍佔領。但是我們有理由相信，日軍向南部的擴張已受到遏制。澳大利亞、紐西蘭以及很多其他國家都將成爲反擊的基地。我們已下定決心，失去的領土將一定會奪回來。

日本正調集大軍向北部的緬甸擴張，直逼印度和中國。在美國空軍的支援下，小股英軍以及中國軍隊正進行英勇的抵抗。

今晚從緬甸傳來不好的消息，日軍可能要封鎖滇緬公路，但我想對英勇的中國人民說的是，無論日軍推進至何處，我們一定設法將飛機和戰略物資送到中國軍隊手中。

我們不能忘記，中國人民最先抵抗納粹的侵略並與之浴血奮戰。在未來的歲月中，不可戰勝的中國人民，將在維護東亞和全世界和平繁榮中起到應有的作用。

在其瘋狂擴張的道路上，日本人每前進一步都要付出慘重的代價：艦隻、運輸、飛機的損失和人員的傷亡，日本已感受到這些損失所帶來的影響。

來自日本的報導說，有人在東京，在軍工企業的核心區域扔炸彈。如果眞是這樣，那麼這是日本首次蒙受奇恥大辱。

儘管日本人背信棄義、對珍珠港的偷襲是導致我們參戰的直接原因，珍珠港事件也讓全世界瞭解到，美國人民早就在精神上爲參與這場戰爭做好了準備。

我們參與戰爭與納粹戰鬥。我們認識到，我們爲何而戰。我們認識到，正如希特勒當初所叫囂的，這場戰爭已經升級爲一場世界大戰。

不是每一個人都能親臨前線殺敵。

不是每一個人都有幸工作在軍工廠、造船廠、農場、油田或礦山，生產出部隊急需的武器和原物料。

但有一種前線、有一個戰場於戰爭期間每一位美國人都可以參與，無論是男人、女人還是兒童。這個前線就是美國本土，就在我們的日常生活中，就是我們要從事的日常工作。在美國本土，每一個人都可以各盡所能，爲我們前方的將士提供給養，鞏固我們的經濟結構，保障我們的經濟在戰時和戰後平穩運行。

當然，這就要求放棄追求奢侈品和許多其他生活的安逸享樂。

每一位愛國的美國人都應該意識到自己的責任。我聽到有人說：「美國人對別人的事漠不關心——美國人需要喚醒。」我想讓說這種話的人到白宮，到政府部門讀一讀雪片般飛來的民眾來函。在這成千上萬封民眾的來函中，有一個問題被反覆提及：「我能爲美國贏得這場戰爭多做些什麼？」

建工廠、購買原物料、雇用勞動力、提供運輸、爲陸軍、海軍和海軍陸戰隊士兵提供設備、食品和住房，去從事戰時一切必要的事情。這一切都需要花費鉅資。所需資金遠遠超出了世界歷史上任何一個國家在任何一個時期的投入。

本周我們僅僅用於戰爭的費用達到每天一億美元。但是，到今年年底，用於戰爭的支出將再翻一番。如果要在有限的時間內生產大量急需的戰略物資，這筆資金必須馬上投入。但如此巨大的資金投入，使我們的國民經濟面臨巨大的風險甚至是災難。

當政府年復一年、日復一日地將大筆的資金投入到軍火的生產中，這些錢實際上是落入了美國人的錢包和銀行帳戶。同時，原物料和許多產品必然不再用於民用；機器設備和工廠正轉而生產軍需品。

如果人們持幣搶購緊缺的商品，這些商品的價格將攀升，這一點你不必是數學或經濟學教授也能明白。

昨天我向國會遞交了一份包括七點計畫的總體原則。這些原則歸結到一起，可以稱作國民經濟政策，其目的是爲了實現保持生活費用穩中有降的宏偉目標。

現在我大體上重複一下：

第一，通過高額稅收，我們必須將個人以及企業的利潤維持在一個合理的較低水準。

第二，限定最高物價和租金。

第三，必須限定工資水準。

第四，必須穩定農產品的價格。

第五，加大發行戰爭公債。

第六，必須對緊缺的日常生活必需品實行配給制。

第七，不鼓勵分期付款消費；鼓勵還清債務和抵押借款。

昨日與國會商討這些總則時，我所說的話再此沒有必要重複。

整個計畫要想達到預期的效果，上述的每一點都取決於其他各點的實施，這一點十分重要。

某些人會採取這樣的立場，認爲上述的七點每一點都是正確的，只要這一點不觸及個人的利益。少數人也同意個人利益應顧全大局，做出犧牲，但那總歸是別人的事，與自己無關。唯一有效的做法是拿出一項涵蓋物價、利潤、工資、稅收和債務的綜合性計畫，採取措施，同時消除所有造成生活費用上漲的因素。

每一位美國人都將會受到這項計畫的影響。某些人可能更加感受到其中一或兩種限制性措施的直接影響，但所有人都會感受到這些措施的間接影響。

你是一名商人嗎？你擁有某家公司的股票嗎？那麼，由於高額的稅收，你的利潤和收益被削減到一個合理的低水準。你將必須繳納高額的所得稅。的確，在戰爭階段，每一美元都要用在刀口上。我想任何一位美國公民在納稅之後的年收入都不會超過二萬五千美元。

你是一名零售商、批發商、製造商、農場主或房東嗎？你出售的商品、出租的房產將被限定最高價格。

你是靠薪水為生嗎？那麼在戰爭期間你將不會領到高薪。

我們所有的人都曾花錢買過實際上並不是絕對需要的東西，我們所有的人都必須放棄購買這類東西。因為我們必須把節省下來的每一分錢、每一美元都用來購買公債和債券；因為在戰爭期間要對稀缺的商品實行配給制；因為停止購買奢侈品能解放出大批的勞動力，這些勞動力正是戰爭所需要的。

正如我昨天在國會談話中所提到的，「犧牲」並不是一個恰當的辭彙來概括自我約束、自我犧牲計畫。當戰爭結束之際，我們將重新回到原來生活的軌跡，我們將不必再做出「犧牲」。文明的代價是辛勤的勞作，是悲傷，是鮮血，這個代價並非過高。如果你對此表示懷疑，去問問那些成千上萬的正生活在納粹專制統治下的人們。

問問那些在納粹的皮鞭下辛苦勞作的法國、挪威和荷蘭的工人，限制工資算不算付出巨大的犧牲。

問問波蘭、丹麥、捷克斯洛伐克和法國的農場主，他們的牲畜被掠奪，莊稼被洗劫一空而忍饑挨餓，問問他們同等報酬算不算付出巨大的犧牲。

問問歐洲的實業家，他們的企業被生生奪走，限定利潤和個人的收入算不算付出巨大的犧

牲。

問問希特勒統治下忍饑挨餓的婦女和兒童，對輪胎、汽油和糖實行配給制算不算付出巨大的犧牲。

我們不必去問他們，他們已經給出了極其痛苦的答案。

這場戰爭要堅持到底，直到迎來最終的勝利，這要靠全體美國民眾不屈不撓的意志和決心。

絕不能優柔寡斷、畏首畏尾。

絕不能讓狹隘的個人利益高於國家的利益。

絕不能任由那些自詡爲正直之士毫無事實依據的肆意抨擊。

絕不能任由某些自詡爲經濟或軍事專家蠱惑民眾。他們既不掌握準確的數字，也沒有地理方面的常識。

絕不能任由一小撮以愛國者自居的人，以捍衛神聖的新聞自由爲幌子，實際上他們充當的是納粹的傳聲筒。

最爲重要的是，我們不能容許一小撮美國的叛徒賣國賊、基督教的叛逆者，影響到我們的安危。他們也想成爲獨裁者。他們的內心和靈魂已經向納粹妥協，並希望美國及美國民眾也如此。

我將動用我職權範圍內的一切權利來實施已經制定的政策，如果有必要動用其他的法律手段以達到遏制生活費用的飛漲，我一定會這樣做。

我瞭解美國的農場主、美國的工人和實業家。我知道對上述的一切犧牲他們一定會欣然接受。他們懂得，爲了這場戰爭的勝利，在生活上有必要採取這些至關重要的、強制性的措施。在我們的記憶中，從來就沒有這樣一場戰爭，平民百姓的勇氣、忍耐力、和忠誠會對戰爭的勝敗產生如此重要的作用。

全世界有成千上萬的民眾已經或正在被敵人殺戮或摧殘。的確，正是烈火中英國民眾的堅韌與勇氣才使得英國頂住了納粹的進攻，並阻止了希特勒在一九四〇年贏得戰爭的勝利。倫敦、考文垂以及其他城市的廢墟是英國人民大無畏英雄主義的見證。

美國的民眾相對要遠離這樣的災難。從某種意義上說，是我們的陸軍、海軍和海軍陸戰隊在遙遠的前線浴血奮戰才保衛了我們的家園。

我想跟你們講講發生在我們部隊中的一兩則故事：

其中一則故事的主人公是一位叫考萊頓・M・瓦塞爾（Corydon M. Wassell）的醫生。他是一名傳教士，在中國相當有名。他生活簡單，爲人謙虛，行將退休頤養天年，但他卻參軍服役，被授予海軍上尉軍階。

瓦塞爾醫生在爪哇接受了一項任務，照料在爪哇海域與敵激烈交戰而受傷的兩艘驅逐艦上的傷患。

但日軍要穿越爪哇島繼續進攻時，美軍決定將盡可能多的傷患疏散到澳大利亞。但是有十二

名士兵傷勢過重不能轉移。瓦塞爾醫生深知有可能被日軍俘虜，他還是與這些傷患一道留了下來。他決定做最後一搏，將所有的人撤離爪哇島，他徵求所有傷患的意見，是否願意做一個嘗試，所有人都點頭同意。

首先，他將十二人轉移到五十英里之外的海岸。為了做到這一點，他必須要為這次充滿威脅的旅程做好擔架。這些傷患歷盡艱辛，但瓦塞爾醫生用自己的勇氣去激勵他們，並設法讓他們活了下來。

正如官方的報告所闡述的，瓦塞爾醫生是一名「基督教徒般的牧羊人，悉心地看護著自己的羊群」。

在海邊，他把十二名傷患弄上一條小船。途中，他們遭到日機的狂轟濫炸和瘋狂掃射。瓦塞爾醫生駛小船，熟練地在許多小港灣中避開日機的轟炸。

幾天後，瓦塞爾醫生和他的傷患平安抵達澳大利亞。

今天，瓦塞爾醫生身上佩戴著海軍十字勳章。

另一則故事說的是一艘軍艦而不是一個人。

你們一定不會忘記一九三九年夏天美國海軍「弓鰭魚號」（Squalus）潛艇被擊沉的悲劇。一些艇上船員失蹤，另一些被水面搜救人員及時營救。斯庫拉斯號潛艇被從海底打撈出海。經過維修之後，「弓鰭魚號」潛艇重返戰場並被冠以新的名字：「旗魚號」（Sailfish）。今天，她是在西南太平洋上美軍潛艇編隊中極具戰鬥力的一員。

「旗魚號」潛艇已在該水域巡航數千英里。

她擊沉一艘日軍驅逐艦。

她用魚雷擊沉一艘日軍巡洋艦。

她發射兩顆魚雷，擊中一艘日軍航空母艦。

一九三九年隨「弓鰭魚號」潛艇沉沒的士兵中有三位被營救，他們今天仍在同一艘潛艇——「旗魚號」上服役。

「弓鰭魚號」潛艇一度沉入海底，又重新浮出水面，在危難之際又重新爲國家而戰。得知這樣的消息我備受鼓舞。

還有一則故事是我今晨才聽說的。

故事講的是在西太平洋上執行戰鬥任務的一架美軍空中堡壘轟炸機，飛機的駕駛員是一位謙虛的年輕人，因爲這架轟炸機經歷了最爲慘烈的一次戰鬥，他爲他的機組成員感到驕傲。

五架轟炸機從基地起飛，目標是攻擊日本往菲律賓運兵的運輸船，我要說的轟炸機是其中之一。在飛往目的地的途中，這架轟炸機的一個引擎熄火了，飛行員與其他轟炸機也失去了聯繫。然而，機組成員重新發動了引擎，獨自繼續前往執行任務。

當它飛臨目標上空時，另外四架空中堡壘轟炸機已經投下炸彈飛走了，它們的攻擊就像是捅了日本「零式」飛機的馬蜂窩。十八架零式飛機升空圍堵攻擊這架空中堡壘。儘管遭到猛烈的攻擊，這架轟炸機仍繼續完成自己的使命，向港口中排成一排的六艘日軍運兵船投下炸彈。在返航途中，一場追逐戰在這架轟炸機和十八架日本飛機之間展開，一直持續了七十五英里。四架日本飛機在這架轟炸機兩側同時發起攻擊。有四架日本飛機被轟炸機側翼的機關槍擊落。

戰鬥中，轟炸機無線電操作員犧牲了，機械師的右臂被打掉，一位炮手受重傷，只剩下一個人用飛機兩側的機關槍還擊。儘管一隻手受傷，這位槍炮手交替使用兩側的機關槍，擊落三架日本「零式」戰鬥機。不久，轟炸機的一個引擎被擊落，油箱被擊中，無線電被擊毀，氧氣系統被完全破壞，飛機上所有十一條控制電纜中只剩下四條。飛機的後輪被打掉，兩個前輪的輪胎也被打爆。

這架轟炸機與敵機繼續戰鬥，直到剩餘的日本飛機打光了彈藥返航。在兩個引擎被擊落，完全失去了控制的情況下，這架飛機於傍晚時分返回基地並緊急迫降，成功完成了任務。

飛行員的名字叫休伊特．T．惠利斯（Hewitt T. Wheless），美國空軍上尉。他來自德克薩斯州的梅納德（Menard），人口只有兩千三百七十五人，他被授予傑出貢獻十字勳章。我希望他正在聽我講話。

我給你們講述的這些故事絕不是個案，他們只是美軍英雄主義和驍勇善戰的範例。當我們身在家中思考我們的職責和責任時，讓我們認眞地想一想，想想那些前線的勇士們爲我們樹立的榜樣。

我們的士兵和水手都是軍紀嚴明的美軍成員，但他們仍是並且永遠是有血有肉的個體——自由的個體。他們是農場主、工人、實業家、專業人士、藝術家還有職員。

他們是美國的公民。

這就是他們浴血沙場的原因所在。

我們也是美國的公民。

這就是爲什麼我們必須努力工作並作出犧牲的原因所在。

這樣做是爲了他們，爲了我們，爲了勝利。

注釋：

①一九四〇年六月十四日，德軍開進巴黎。六月十六日，雷諾政府倒臺，貝當出任總理。這裏的「當權者們」指貝當及其維希政府。

②維希法國（Vichy France）指二戰中維希政府時期的法國。貝當出任總理後，分別與德國和義大利簽訂「停戰協定」，將法國領土肢解為「佔領區」和「自由區」。貝當在自由區選定法國中部城市維希為首都，建立了傀儡政府。

5 談通貨膨脹和戰爭進程

——一九四二年九月七日，星期一

通貨膨脹和戰爭進程是這次談話的兩個主題，但側重點顯然在前一個——這與上次談話的重心相同。此前，羅斯福一再強調工農業產品平價制度和民眾對戰爭的貢獻，這次談話談得更為具體。一是由於通貨膨脹導致購買力下降、工資期望抬升的連鎖反應，必將導致戰爭投入的減少，因此必須堅持平價制度，控制物價，穩定工資。一是通過政策手段乃至立法控制利潤、增加稅收，不僅針對每一個企業主，也針對每一個美國人。歸結到一點：盡可能多地籌措資金，支持戰爭。一如既往的是，羅斯福講了前線將士英勇作戰的故事，在比較中闡述後方的「父老鄉親」做得還不夠；而談話即將結束時又與之呼應，指出軍人不顧安危、民眾甘於奉獻，才能贏得戰爭的勝利。

我希望所有的美國人都去讀一讀榮獲各種勳章的美軍士兵的事蹟。

我現在從這些事蹟中選出一則，講述的是美國海軍上尉約翰．詹姆斯．鮑爾斯（John James Powers）在珊瑚海與日軍三天激戰中的英雄壯舉。

在最初的兩天戰鬥中，帕瓦斯上尉駕駛著俯衝轟炸機，冒著敵軍猛烈的防空炮火，摧毀了一艘敵軍大型戰艦，使另一艘戰艦運轉失靈，重創一艘補給艦和一艘兩萬噸級的運輸艦，並直接擊中一艘航空母艦，使其起火後下沉。

官方的嘉獎令接著敘述了戰鬥進入第三天早晨發生的事。

當他所在空軍中隊的飛行員離開待命室，準備駕駛飛機投入戰鬥之時，帕瓦斯上尉對他們說：「切記，家鄉父老需要我們去保護，如果發起攻擊，就一定要把炸彈直接投在（他們的）飛行甲板上。」

他駕駛的飛機穿越敵軍層層的防空炮火和攔截機群，從一萬八千英尺高空俯衝直下，襲擊目標。他幾乎直接衝到了敵軍航空母艦的甲板上，直到確信可以一舉擊中目標才投下炸彈。人們最後一次見到他時，他正從兩百英尺的超低空飛行中緩慢爬升，四周滿是彈片、濃煙、火焰和受創軍艦的碎片。他駕駛的飛機被自己投擲的炸彈所摧毀，但是他實踐了「直接擊中日軍航空母艦飛行甲板」的諾言。

海軍部長已向我提議授予來自紐約市、在戰鬥中失蹤的海軍上尉約翰·詹姆斯·鮑爾斯榮譽勳章。我在此同意授予他此枚勳章。

你們和我即是「家鄉父老」，也是帕瓦斯上尉一次次冒著生命危險所保衛的人。他說過，我們依靠他和他的飛行員去保護。他們認眞地完成了我們託付的重任。可是他們難道不也應該依靠我們嗎？我們這些後方的人應該爲贏得這場戰爭做些什麼呢？

答案是，我們做得還是不夠。

今天，我在向國會呈交的國情諮文中，指出我們正面臨國內經濟危機的嚴重威脅。一些人稱之爲「通貨膨脹」，這是一種比較模糊的說法，另一些人則稱之爲「生活費用上漲」，這種說法倒是比較容易被大多數家庭所理解。

「生活費用」的大致意思是一美元能夠買些什麼商品。

從一九四一年一月一日到今年五月這一年半的時間內，生活費用上漲了15%。其實在去年五月份我們就開始著手控制生活費用的上漲。但是我們沒有完成這項工作，因爲當時國會豁免了很大一部分用於生產食品和衣服的農產品，使它們不在受控範圍之內，而在此之前的幾周，我已經向國會提出申請，試圖透過法案來穩定所有農產品的價格。

那時，我已告知國會，國民經濟由七大要素組成，這些要素必須加以控制；如果其中的任何一項被豁免在外，生活費用就不可能下降。

並且，我要求國會對其中至關重要的兩項立即採取行動，即稅收和所有農產品價格的比價應保持穩定。

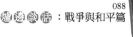

「平價制度」是平抑農產品價格的一個標準，一九三三年被確立爲我們的基本國策。它的基本含義是，農民與城市工人的購買力應相應增加，差距不應拉得太大。他們的購買力水準就如同三十年前一樣。那時，農民具有相對較強的購買力。因此，農民認爲100%的平價制度是是公正，其價格是可以接受的。

但是，去年一月份，國會通過了一項法案，規定如果某些農產品價格按照平價制度上漲不超過110%的話，就禁止對這些農產品的價格設定最高限度。而另一些農產品的上限價格還要更高。因此，現在農產品總體平均最高限價是116%。

這種對社會某一特殊群體的優惠政策，使所有人的食品消費成本上升——不僅對城市和軍工廠的工人以及他們的家人如此，對農民們自己的家庭也是這樣。

自從去年五月，除了被豁免的農產品之外，幾乎所有的商品、租賃費和服務費都被設立了最高限價。例如，分期付款購物已經得到了有效的控制。

以當前生活費用支出爲基點，某些主要行業工人的工資已經得以穩定。

但是，我們大家都十分清楚，如果食品消費成本像現在一樣持續上漲，勞動者，特別是低收入群體，就有權要求上調工資，而且我認爲上調工資是公正而必要的。

從最近幾個月我們試圖控制其他價格的經驗來看，一個事實再明顯不過——不斷上漲的生活費用是可以得到有效控制的，但前提是生活費用的各組成要素同時得到控制，我認爲這也是公正而必要的。

衆所周知，如果我們現在不控制比價體系中的農產品價格，生活費用只會略微上漲，但是我們也深知如果食品和其他農產品的平均比價上漲到116%——在我們能夠控制所有農產品價格之前，緊急價格管理法案要求我們不得不這樣做——將來的生活費用必會大大失控。今天我們就處於這種危險之中，讓我們面對它並戰勝它。

我知道你們會認爲現在過分強調經濟問題與當前的時局格格不入，因爲此時，所有人密切關注的是遙遠戰場上的戰況。但是我敢肯定的是，不解決後方這個經濟問題——而且不立刻解決的話——我們贏得這場戰爭的難度就會增加。

如果通貨膨脹的惡性循環蔓延開來，整個經濟體制都將受到影響。價格和工資都會飛速上漲，導致生產環節面臨危險。來自於納稅人的戰爭經費支出將大大超出目前的預算。這就意味著價格和工資的上漲將會失控，而生活費用的總成本將會再迅速增長20％。那麼你的薪水袋、銀行帳戶、包括你的保險金和退休金裏面所有的錢，將貶值到只剩80％。毋庸置疑，這將會對我們的人民，不只是士兵產生消極的影響。

價格、薪金和利潤的總體穩定對飛機、坦克、船隻和槍枝的持續生產至關重要。

我在今天呈交給國會的國情諮文中，指出我們必須儘快這樣做，如果我們再等下去，局面可能就無法挽回了。

我已經告知國會，政府無法在十月一日之後繼續保持現有的食品和衣服消費成本，使其不再上漲。

因此，我已要求國會通過法案，明確規定總統有權穩定包括所有農產品在內的價格。這樣做的目的是保持比價關係中農產品的價格不變，或者是使價格保持最近的比價，這樣做也是爲了使工資與當前的生活費用相符。這兩項必須同時控制，缺一不可。

在農產品價格保持穩定的同時，我會設法穩定工資。

這樣做是十分公正的——也合情合理。

因此我已請求國會在十月一日之前採取這項措施。現在，由於嚴峻的戰爭形勢，付諸行動已經刻不容緩。

我已告知國會，如果他們在十月一日之前不採取行動，我將責無旁貸地擔負起人民交給我的責任，確保經濟混亂不會波及到我們爲贏得戰爭所做的努力。

正如我在國情諮文中所說的那樣：

如果國會沒有採取措施，或者採取措施不利，我將承擔重任並採取行動。

憲法和國會法令規定，總統有權採取必要措施，避免影響戰爭取得勝利的災難性事件發生。

我考慮再三，並不想再把此事呈交國會。但是，鑒於問題關係重大，我還是決定徵求國會意見。

一些人會認爲，如果形勢的嚴重性眞的如我所述，那麼我應該立刻行使手中權力，採取行動。我只能說我已經全面考慮了這個問題，並自認爲對此事的處理符合我作爲一名戰時總統所具有的神聖責任感，和我對民主進程深深的、不可動搖的堅定信念。

戰爭期間，總統負有保衛國家的重大職責。隨著我們的戰線在全世界範圍內展開，這場戰爭中所使用的行政權力，比以往的任何一場戰爭都重要。

如有敵軍來犯，我們國家的人民當然會希望總統盡其所能地擊退侵略者。

獨立戰爭和美國內戰發生在美國本土，可是今天的這場戰爭將在遙遠的異國領土與海域決出勝負。

我無法預測爲了贏得這場戰爭將要使用何種力量。

美國人民可以放心，我將憑著對憲法和祖國的神聖責任感，全力出擊。美國人民還可以相信，我會毫不猶豫，傾力而爲，爲了我國人民的安全去戰勝世界上任何一個角落的敵人。

當戰爭已經取得勝利，我所行使的權力會自動回到美國人民手中——這些權力本就屬於他們。

我自認爲瞭解美國的農民。我知道他們與其他行業的人一樣忠心愛國。他們一直受到農產品價格波動的困擾。農產品價格偶爾會很高，更多的情況下是過低。他們最瞭解戰時通貨膨脹、戰後產品貶值的災難性後果。

因此，我今天在此建議國會採取措施，使我們的農業經濟更加穩定。除了對所有的農產品價格設定最高限度外，我還建議從現在開始至整個戰爭期間，甚至到戰後形勢所需的一段時間內，爲農產品設定最低價格限度。這樣我們就可避免上次戰後所發生的農產品價格暴跌的局面。我們必須確保，在當前世界範圍內對食品的大量需求狀況結束之後，農民在隨之而來的調整期內，可以爲他們的產品收到最低價格保證。

如果我們想要既避免戰後通貨膨脹的災難，又防止農產品價格和工資的暴跌，我們就必須像處理工資問題一樣，爲農產品價格設定最低限度。

今天，我還向國會指出，加速通過稅收法案的進程十分重要。由於該法案還未獲通過，聯邦財政部每天損失數百萬美元。若想防止個人收入和公司利潤過高，稅收是唯一有效的途徑。

我已向國會重申，所有人的純收入在完稅之後，還應當通過進一步的稅收措施加以限制，將個人的純收入控制在最高不超過二萬五千美元。並且，公司利潤在任何情況下也不能超過一定的限度。

國家必須籌措更多的錢去進行這場戰爭，人們必須停止一切奢侈的消費，國家需要人們工資中更多的部分來分擔戰爭消耗。

因爲這是一場世界範圍內的戰爭，我國將在一九四三年花費一千億美元用於戰爭。

這場世界大戰有四個主戰場，現在我將就此做個簡述，談論的順序與它們的重要性無關，因爲這四個戰場全都至關重要，相互關聯。

（一）蘇聯戰場。在此，德軍依然無法大獲全勝，儘管在大約一年前，希特勒就曾這樣宣稱。

德軍攫取了蘇聯大片重要領土。但是，希特勒無法摧毀任何一支蘇聯紅軍；而這一直是希特勒長期以來的主要目標，現在依然如此。看來，數以百萬計的德軍，將不可避免地在蘇聯度過另一個嚴冬了。並且，與其他戰區相比，蘇軍正在消滅更多的德軍，摧毀更多的德軍飛機和坦克。他們不僅英勇迎敵，而且戰績顯赫。不論任何艱難險阻，蘇聯人都會堅守陣地，並且在盟國的協助下，最終把納粹軍隊趕出自己的領土。

（二）太平洋地區。本地區必須被看作是一個整體，包括每一寸陸地和海域。

我們已經有效阻擋了日軍的一次大規模進攻，並重創了他們的海軍。但是他們依然擁有強大實力；並處處尋找主動權；日軍一定會再次大舉進犯。儘管我們爲所羅門群島各勝利戰役中我軍顯示出的嫻熟軍事技巧所驕傲，我們也絕不能掉以輕心。同時，我們還應當爲我軍在中途島一戰中所取得的勝利而歡欣鼓舞。我們在那裏擊退了敵人的大規模進攻。

（三）在地中海和中東戰區，英國人與南非人、澳大利亞人、紐西蘭人、印度人和包括我們自己在內的聯合國其他成員國的軍隊一起，與德國和義大利軍隊展開了殊死搏鬥。

軸心國想控制這一地區，掌控地中海和印度洋，從而與日本海軍取得聯繫。中東戰場亦有多國軍隊參與。我們十分清楚所面臨的危險，可是我們也懷有必勝的信心。

（四）歐洲戰場。這裏的主要目標是進攻德軍。我們可以從多處發動攻擊。你們當然沒指望我透漏未來作戰計畫的細節吧，不過我可以確保在這裏和英國進行的準備工作已經展開。德軍的實力必須在歐洲戰場被削弱。

大家都敦促我們把軍事力量集中於這四個戰場之一，儘管沒有人提出哪個戰場應該被放棄。當然了，沒有人會說我們應該停止對蘇聯援助，或我們應該向日本交出太平洋地區，或向德軍放棄地中海和中東，或停止向德軍發起進攻。

我向美國人民保證，我們不會忽視其中任何一個戰爭舞臺。

我們已經做出了重大軍事決定。過不多久，你們就會知道這些決定是什麼——敵軍也會知曉。我現在能告訴大家的是，所有這些決定都是爲了發動總攻擊。

從珍珠港事件發生到今天正好是九個月，在這期間，我們向海外所派的兵力比第一次世界大戰爆發後九個月中我們向法國所派的兵力多三倍。儘管危險越來越大，運輸船只越來越少，我們還是絲毫沒有退卻。每一周，戰場上都可以看到越來越多的美國士兵和武器。這些兵力和軍火上的補給不斷增加，並會持續下去。

在所有聯合國成員國海、陸、空部隊協調一致，共同對敵作戰的努力下，我們必將取得這場戰爭的勝利。

這將意味著在主要進攻點上我們需要大量的武器裝備和部隊。我們已經和同盟國一起，爲在武器裝備方面取得優勢而努力了若干年。我們毫不懷疑我們士兵的優勢。我們爲我們的三軍將士和商船船員的英勇事蹟感到驕傲。約翰·吉姆斯·帕瓦斯上尉即是這些人中的一員——在聯合國的軍隊中，還有數以千計像他這樣的人。

數千名美國人已經在戰鬥中犧牲。還會有成千上萬的美國士兵獻出他們的生命。但依然有數以百萬計的美國人整裝待發，時刻準備開赴前線並獻出自己的生命。因爲他們知道敵人決心要消滅我們，摧毀我們家園，瓦解我們的社會制度——在這場戰爭中，不是我們消滅敵人，就是被敵人消滅。

如果軍人只想到個人的安危，將無法取得戰鬥的勝利。民眾只關心自身的安逸、自己的便利和個人的財產，也同樣不會贏得戰爭的勝利。

今天的美國人肩負著重大責任，盟國所有的成員國都共同肩負這一責任。

我們所有後方的人正面臨考驗——對我們的堅強毅力，以及我們對國家和事業無私奉獻的考驗。

這是一場有史以來最嚴酷的戰爭，我們無需要未來的歷史學家評判我們是否足夠堅強去迎接這前所未有的挑戰，我們現在就可以予以回答：是的，我們能！

6 關於大後方的報告

——一九四二年十月十二日，星期一

這篇談話主要談的是大後方的情況——羅斯福對工廠、軍營的巡視所見以及由此引發的感想。談話的核心不再是資金，而是人力。針對勞動力短缺的問題，羅斯福推出了相應的人力調配政策，也提到了相關的立法。他號召人們以暫時的犧牲換取永久的和平，由此在末尾部分自然而然地過渡到後來概括為「四大自由」的內容。

我的美國同胞們：

你們都知道，我視察了軍營、訓練基地和兵工廠，剛剛返回。

我在這次視察中的所觀察到的不能算是新聞。一個明顯的事實是，美國人民空前的團結，一心一意的做好一件事並將它完成。

這個由一億三千萬人口組成的國家正在形成一種強大的力量。這其中有士兵或水兵，也有平民。這當中有人正駕機在歐洲大陸或太平洋諸島嶼五英里的上空與敵人激戰，另一些人正在賓夕法尼亞州或蒙大拿州的礦井裏奮戰。

我們當中有少數人因戰功卓著胸前佩戴著勳章，但是我們每一個人都有一種深深的、永恆的滿足感。這種滿足感來自我們自身潛質的充分發揮。我們每一個人都在為民主和自由的戰鬥發揮了自己的作業。我們感到無上光榮。

無論個人的境況如何，機遇怎樣，我們都已參與其中，我們精神飽滿。美國人民和盟國將應付得了這場戰爭。無論面對何種謠言，我們都嗤之以鼻。

這就是我在全國視察的過程中所看到的——不可戰勝的精神。如果德國和日本的頭目能與我同行，看到我所看到的一切，相信他們也一定會贊同我的結論。不幸的是，他們無法與我同行。這就是我們不惜一切代價在海外與他們交戰的原因。

隨著時間的推移，戰爭範圍在擴大，激烈程度在加劇。在歐洲、非洲、亞洲以及所有的大洋上，情況都是如此。

同盟國的實力在不斷增強。而另一方面，軸心國的頭目們也清楚他們已經拼盡了全力。他們也深知他們不斷上升的人員和物資已無法得到完全的補充。德國和日本早已經意識到，當同盟國傾其全力反擊，開闢第二戰場的時候，結果會是什麼。

我們的敵人以往的慣用武器之一是「心理戰」，到處散佈謊言和恐怖，到處建立第五縱隊，欺騙天真善良的人們，他們在鄰國之間挑起懷疑和仇恨，他們資助和教唆其他國家這樣的人，也包括美國國內的一些人。他們的言行在替柏林和東京進行宣傳，證明我們內部的不團結。

當然，對這些宣稱最有效的抵禦是普通民眾的常識，這已經在我們的民眾中蔚然成風。

針對盟國的「心理戰」並未取得應有的效果。破天荒第一次，納粹宣傳機器處於守勢。他們開始向自己的國民道歉，因爲納粹的主力在史達林格勒被擊潰並遭受巨大傷亡①。他們被迫祈求已超負荷的國民重新振作日漸疲軟的生產。他們甚至公開承認，爲了讓德國人有飯吃，他們必須從歐洲其他國家掠奪糧食。

他們宣稱第二戰場是不可能的。但與此同時，他們卻不顧一切地往所有的方向緊急調集部隊，並在從芬蘭和挪威海岸到地中海東部諸島嶼之間架設鐵絲網。

同時，他們的戰爭暴行不斷加劇。

同盟國已經針對那些犯下戰爭暴行的納粹頭目，每一起罪惡行徑都將予以認眞調查。犯罪證據毫不留情的收集起來，以用於未來的審判。

有一點很清楚，盟國絕不會對德國、義大利和日本的民眾進行大規模的報復。但是那些戰爭元兇及其慘無人道的黨羽必須列入戰犯名單，依據司法程序接受審判。

在陸軍兵營裏、海軍基地裏、在工廠裏、在造船廠裏，有數以百萬計的美國人。

掌握國家命運的這些人是些什麼人？他們在想什麼？他們的疑慮是什麼？他們的希望是什麼？工作是如何進行的？

身在華盛頓的統帥是無法給所有問題答案的，這就是我這次出行的原因所在。

一定會有人這樣說，當總統做全國巡視，與其他美國政壇要員交談或做出某種姿勢時，將會有高音喇叭相隨，會有大批的人夾道歡迎，會有大批的記者和攝影師爭相採訪報導。

但是，因爲有本次和上次戰爭的一些經驗，可以簡單地說，這種巡視可以讓我專心致志地去做我必須做的工作，而不必花時間、精力去考慮政治宣傳的需要。

我還可以補充一點，可以完全不用考慮政治宣傳的巡視，對我來說是尤爲愉快的事情。

我期待著以同樣的方式，爲類似的目的再次進行這種巡視。

在上次戰爭中，我巡視關於過大型的工廠②，但直到我看到這些新建的、現代化的工廠時，才徹底意識到美國爲戰爭做出了多麼巨大的努力。

當然，我看到的只是所有工廠的一小部分，但這一小部分也極具代表性，令人印象極爲深刻。

美國參戰僅僅十個月，一直致力於將部隊擴充數倍的這樣艱巨的任務。我們根本還沒有達到滿載的生產狀態。在這次巡視當中，我不禁自問：如果美國政府沒有在兩年前就開始興建爲數眾多的新工廠，那麼一年前，珍珠港事件將戰爭強加於我們，現在的美國會是什麼樣子？

我們還要面臨運輸的問題：在世界每個地方，敵人仍不斷地擊沉我們的運輸船。但是從美國、加拿大和英國的造船廠所建造的運輸船總噸位正日復一日地增長，而且增長速度如此之快，以至於我們在殘酷的運輸保衛戰當中始終處於優勢。

爲了擴大我們的運輸能力，我們招募了數千人來補充運輸船的船員。他們的工作十分出色，他們每時每刻都在冒著生命危險，將槍枝、坦克、飛機、彈藥和食品輸送給史達林格勒英勇的防禦者、輸送給世界各地的盟軍部隊。

幾天前，我將一枚「海運傑出貢獻勳章」授予一位來自賓夕法尼亞州夜頓市的年輕人——愛德華．F．切尼。

他們的運輸船被魚雷擊中，他從油污的海水中救出了許多同伴，表現出大無謂的英雄氣概，將來還會湧現出更多類似的英雄事蹟。

從某種意義上說，我此次巡視行色匆匆：從中西部啓程，到西北部，再沿著漫長的太平洋沿岸到西南部、至南部返回；但此次巡視也很悠然自得，因爲我有機會與正在工作崗位上的人們進行交談——包括高層管理人員和工人們。這給我提供了一個非常好的機會去進行思考：在爲戰爭做準備時，我們應優先考慮哪些因素。

正如我與三位隨行記者說的那樣，此行中，我對如此高比例的女性勞動者印象十分深刻：他們能夠嫺熟操作機器設備，從事繁重的體力勞動。隨著時間的推移，會有更多的男性參軍入伍，那麼女性勞動者所占的比例還會增加。從現在起不到一年的時間內，兵工廠裏的女性將與男性佔有同樣的比例。

我有一些具有啓發性的經歷，和男人們常提到的老話有關，女性有著更強的好奇心，凡事都好刨根問底。但事實是，我經常注意到，當我事先沒有聲張，驅車從滿是工人和機器設備的工廠中經過的時候，最先從工作崗位上抬頭張望的都是男性，而不是女性。主要是男性之間在議論：「那個戴草帽的傢伙是不是總統？」

親眼目睹了生產線上產品的品質和工人的素質，再將這些第一手觀察結果和前線上有關我們武器裝備表現優異的報告結合起來，我可以告訴你們，在這場保障能力的較量中，我們領先於敵人。

對我們未來的生產極爲重要的是，國會能否快速有效地解決生活費用急速、大幅上漲的問題。我們對這個問題的成功解決，也是戰爭期間民主程序運作的一個極佳的範例。

具體實施國會這一法案的機制，是在這一法案簽署後的十二小時內使之生效，將通過法律手段幫助每位工廠或農場的員工解決生活費用的問題。

爲了保持生產的持續增長，我們將增加數百萬名工人補充我國的勞動力。隨著新工廠的落成開工，我們必須招募到數百萬名工人。

這在人力調集方面產生了一個難以解決的問題：

並不是說我們國家沒有這麼多人從事這樣的工作，問題在於在恰當的時間、恰當的地點能否招募到相當數量合適的人。

在物資分配方面，我們正在學會使用配給制，那麼在人力的調配方面，我們也要學會這樣去做。

正確合理的人力調配政策目標是：

第一，爲軍隊選拔、訓練具有較高軍事素養的戰士，以在戰鬥中打敗敵人、獲得勝利；

第二，爲我們的戰時工業與農業培養並提供所需的人才，製造戰時急需的武器、彈藥和食品，保障我們自己並提供給正在與納粹激戰的盟軍以贏得這場戰爭。

爲做到這些，在戰爭期間，我們將必須阻止工人依其個人的喜好隨意換工作，阻止雇主彼此暗中招募對方的員工。適齡的、身體健康的男性都已應徵入伍。只要具有可能性和合理性，我們就必須啓用老年人、殘疾人和更多的婦女，甚至是剛剛成年的孩子們來從事後勤的生產。

要培訓新的人員去從事戰時所必須的工作，防止人力的無端浪費。

我們能做，也必須馬上去做許多事情來解決人力的問題。

全美的學校都應制定計畫，讓學生抽出一定的時間，比如說暑假時間來幫助農場主種植並收割莊稼，或在兵工廠從事某種工作。

這並不意味著要關閉學校和停止教育，這意味著給適齡的學生們提供機會，爲戰爭做出自己應有的貢獻。這類工作不會對學生產生任何的害處。

人們工作的地點又能儘量離家近些，我們不會特地將某人送至某個工作場所，而這個地方是可以就近招聘到員工的。這樣做，得不償失。

在某些地方，雇主們不喜歡雇用婦女；有些地方不願意雇用黑人；還有的地方不願意雇用老年人。我們再也不能有這樣的就業歧視和偏見。

每一位公民都想知道他所能夠做的最好、最急需的戰時工作是什麼。關於這個問題，可以從美國就業服務辦公室得到答案。全美有四千五百處這樣的辦公室，已形成如同街角雜貨店般的人力資源體系。就業辦公室的網路系統將時刻告知市民哪裏最需要其技能和勞動，將其推薦給相應的雇主，以期能在戰時生產中發揮他們的作用。

或許在人力方面最棘手的是許多地方農場勞動力的短缺。然而，我已看到人們正在盡可能地解決這一問題。

我巡視過這樣一個地方，中學生全體出動，用三四天的時間幫助收割一種易腐爛的作物。

在我巡視的另外一個水果種植區，已雇不到以往的日裔勞動力。但是當水果成熟之時，銀行家、屠戶、律師、機修工、藥劑師、本地的編輯，實際上是鎮上所有體格健壯的人都放下了手裏的工作，幫助採摘果實並送往市場。

每一位農民都必須意識到它所從事的生產是整個戰時生產的一部分。國家把他看作是贏得勝利不可少的組成部分。美國人民希望他能夠保持生產，甚至能夠增產。我們將竭盡全力幫助他找到勞動力。但與此同時，它和其他當地的農民必須開動腦筋，團結協作生產糧食、飼養牲畜，多產乳製品。

或許我們付出了所有的努力，我們無私的奉獻。然而無論目的多麼明確，管理多麼到位，仍

然無法徹底解決這一問題。這樣的話，我將不得不採取法律手段。如果有必要，我想美國人民是不會畏縮的。

從某種意義上講，每一個美國公民，因爲他擁有美國國籍，都是選拔徵兵制度的一部分。

選拔徵兵制度使國家受益匪淺。

選拔徵兵制度的成功運作，這種方式被廣大民眾所普遍接受，使我們信心倍增，同樣的做法也可以用來解決其他的人力問題。

我還要讚美和感謝全國一千多萬同胞，他們自願參加全民抗戰，並爲此付出了艱苦的努力。在單調乏味、默默無聞的工作崗位上，他們無私奉獻，任勞任怨。從事這樣重要的，互利合作既增強了民族團結，也使我們深刻領會到這是一場全民抗戰。

當然，巡視過程中我親眼目睹了部隊的演練，對此我十分感興趣。

我們所有赴海外參戰的部隊，均由體格健壯的年輕男性組成。一個由平均年齡二十三～二十四歲的士兵組成的陸軍師，其戰鬥力要強於平均年齡爲三十三或三十四歲的陸軍師。在戰場上我們擁有越多的這樣的部隊，就會越快贏得戰場戰爭，傷亡的代價就會越小。

因而，我認爲有必要將選拔徵兵制的最低年齡限制由二十歲降到十八歲。我們已經認識到這種做法的必要性，以及早日贏得勝利的重要性。

我非常理解孩子應徵入伍其家長的感受，我與我太太對此感同身受。

我想讓那些兒子在軍中服役的父母們都知道——再次聲明，它們源自我親眼所見——在陸軍、海軍以及海軍陸戰隊服役的官兵們正在進行最好的訓練，配備最好的裝備，擁有最好的醫療設施，這是我的親眼所見。而且，我們有軍中牧師，部隊官兵的精神需求將永遠可以得到滿足。良好的訓練可以在戰鬥中挽救許許多多人的生命。部隊訓練不足，總會遭受巨大的傷亡代價。

我們確信我們的陸軍和海軍陸戰隊兵源齊整，裝備精良，訓練有素。他們的戰績如何，將取決於指揮水準，取決於英明的軍事計畫。英明的軍事計畫是所有軍事行動的基礎。

我可以談一談我們的戰略計畫。我們的戰略計畫不是由那些在報紙或廣播上紙上談兵的戰略家們制定的。

美軍最優秀的士兵之一，羅伯特·E·李將軍③，講述過這樣一個悲劇性的事實。在他們那個時代的戰爭中，所有優秀的將軍都在鑽研報紙而不是深入部隊，所有戰爭中的情況大致如此。紙上談兵的戰略家，其問題在於儘管他們滿腹經綸，可是他們雖獲得有關戰局形勢的大量情報，卻沒有弄清相關軍事行動所面臨的問題。

因此，我們將繼續制定軍事計畫的重任交予軍方將領來完成。

美國陸軍和海軍的作戰計畫，一直由駐紮在華盛頓的陸海軍聯合指揮部制定。他們經常在一起商討作戰計畫。聯合指揮部由海軍上將萊希④、馬歇爾將軍⑤、海軍上將金⑥和阿諾德將軍⑦

組成。他們定期地與英國聯合參謀部的代表，與俄國、中國、荷蘭、波蘭、挪威、英屬領地以及其他盟國成員會晤商談。

自從去年一月這種聯合制定作戰計畫實施以來，參與者在許多方面都達成了共識。他們當中所有人都在早年受過陸海空等方面的軍事訓練。作爲總司令，我總是與他們的看法出奇的一致。

我以前曾說過，我們已經制定出很多重大的戰略計畫，我們已就其中之一達成共識：透過向德日發起新的攻勢，迫使其從蘇聯和中國分兵至其他戰場。這十分必要，但這些新攻勢將於何時何地發起現在還不能公佈。

今天我們緬懷並讚頌一位勇敢、富於冒險精神的義大利人——克里斯多夫·哥倫布——的豐功偉業。在西班牙的資助下，他開闢了新世界。在這個新世界中，有自由，有寬容，尊重人權和人的尊嚴，爲那些在舊世界中受壓迫的人們提供了避難所。

今天，新世界的後代們在遠離自己祖國的土地上浴血奮戰。他們是在爲拯救全人類而戰——包括我們自己，是在爲捍衛新世界的自由而戰。

我們時刻牢記，千百萬人民未來的自由，包括生命都取決於盟國的永久性勝利。

當軸心國開始崩潰時，美國國內有少數人會告訴國民，我們又一次轉危爲安；我們可以讓其他國家都明白一個道理：自作要自受；我們再也不會幫助他人「火中取栗」；就我們而言，文明本身會有其自身發展的軌跡，如此而已。

打贏了戰爭而失去了爲之而戰的事業，是毫無用途的。除非永保勝利，否則僅僅贏得一場戰爭也是毫無作用的。

因而，我們是爲了恢復並永保信念、希望和世界和平而戰。

我們今天的目標清楚明瞭又十分現實，那就是徹底消滅德、意、日的軍事力量。讓納粹對我們及對我們後代的威脅不能死灰復燃。我們正團結一心去贏得勝利，保證我們的子孫後代能夠在上帝的呵護下成長，過一種屬於自己的生活：沒有侵略，沒有毀滅，沒有奴役，也沒有殺戮。

注釋：

①這裏指德軍在史達林格勒會戰中的失敗。一九四二年七月十七日，德軍開始猛攻史達林格勒，先後動用兵力一百五十萬人以上，企圖佔領該地區以北攻莫斯科。蘇軍先後以三個方面軍的兵力同廣大人民一起艱苦奮戰，並在一九四三年二月二日殲滅敵軍三萬人，迫使德軍中止戰略進攻。這次會戰是蘇德戰爭、也是整個二戰的轉捩點。

②第一次世界大戰期間，羅斯福任助理海軍部長，負責海軍的商務工作，視察了許多相關工廠。

③羅伯特・愛德華・李（Robert Edward Lee，一八〇七～一八七〇），美國軍人，上校軍銜，美國南北戰爭時期任南方聯盟軍總司令。英勇善戰，頗著聲譽。

④威廉・丹尼爾・萊希（William Daniel Leahy，一八七五～一九五九），海軍五星上將，曾任武裝部隊總司令（總統）的參謀長。

⑤喬治・馬歇爾（George C. Marshall，一八八〇～一九五九），五星上將，曾任陸軍參謀長、總司令，二戰期間是美國軍界的最高決策人物。

⑥歐尼斯特・約瑟夫・金（Ernest Joseph King，一八七八～一九五六），海軍五星上將，曾任海軍總司令等，二戰時全面指揮太平洋戰區的美國海軍作戰。

⑦亨利・H・阿諾德（Henry Harley Arnold，一八八六～一九五〇），空軍五星上將，曾任陸軍航空兵總司令，二戰中組織領導空軍參加太平洋戰爭，指揮了對日本本土的戰略轟炸。

7 談煤炭危機

——一九四三年五月二日，星期日

這篇談話是羅斯福針對礦工聯合會組織的罷工所講，宣佈政府已接管了礦區。羅斯福希望在戰時狀態下，每位礦工都能喚起自己的愛國情操和責任感，並呼籲他們儘快復工。談話中羅斯福講前線將士的故事和希望，以理服人，以情動人。這篇談話舒緩了政府與礦工聯合會長期以來的對立關係，該會領導人約翰·路易斯後來便站在總統一邊。

今晚，我對全體美國同胞發表講話，尤其是那些煤礦工人們。

今天，美國正面臨著一場嚴重的危機，我們正在打一場戰爭，我們國家的未來將取決於能夠打贏戰場戰爭。

這場戰爭已經進入到一個關鍵階段。經過數年的準備，我們已進入主動反擊階段。這個階段將持續下去。在這場世界範圍的衝突當中，我們傾注了一切：我們的年輕一代以及大量的資源。

我剛剛結束爲期兩周的視察回來。

視察中我看到兵員正在訓練，軍需物資正在抓緊生產，此次巡視我走了二十個州。我看到成千上萬的人忙碌於生產線上，生產飛機、槍枝和彈藥。

隨處都可感受到人們爲了滿足戰時所需的迫切心情，人們長時間地在艱苦的崗位上工作，任勞任怨。

在數千英里的旅途中，我看到成片成片一眼望不到邊的新近犁過的田野。農民們正在耕種，爲我們的軍隊、百姓以及我們的盟國提供糧食，這些作物將喜獲豐收。

此次行程中，我也看到了成千上萬的士兵。去年秋季應徵入伍的新兵，已蛻變成充滿自信的堅強戰士，他們體格健壯，並漸漸熟悉新型武器的使用。

美國人民已經創造了奇蹟。

然而，我們聚集的所有力量仍不足以滿足戰爭的需要。我們仍需調集我們以及我們盟國的一切力量，在未來的戰鬥中打敗歐洲大陸的納粹法西斯，打敗亞洲大陸和太平洋諸島上的日本人。

在前線，敵人阻擋不了美國和盟國的前進步伐。

同樣的，美國國內任何個人以及任何組織的領導人，也無法阻擋我們前進的步伐。

有一點我要說清楚，每一位已停止採煤的礦工，無論出於什麼樣的動機，無論他所受的委屈是多麼的冠冕堂皇，每一位怠工的礦工，都等於在直接或間接地阻撓我們爲戰爭所做的一切。我們尚未贏得這場戰爭。只有傾其所有投入到陸戰和海戰前線當中，我們才會打贏這場戰爭。

這需要國人堅持不懈地努力，加班加點地生產。

停止煤炭的供應，哪怕是短暫的時間，也是在拿我們士兵的生命以及全體人民未來的安危做賭注。這是毫無根據、毫無必要並且十分危險的賭博，這是拿我們的勝利做賭注。

因此，我想對所有的礦工，對國內外所有的美國人說：煤炭的生產絕不能停止。

今晚，我要跟礦工以及礦工的家屬談一談愛國主義。我想就我所知，對當前的眞實情況做一下簡單的陳述。

珍珠港事件之後，美國三大勞工組織：美國勞工聯盟、工業組織協會和鐵路同盟會（兄弟會）①，都明確地承諾只要戰爭持續就絕不罷工，美國礦工聯合會主席也做出了同樣的承諾。對這樣的承諾，舉國上下一致表示讚賞。

這樣的承諾是在用一種強有力的方式向全世界宣告，一億三千萬美國同胞將團結一心、眾志成城，用我們的意志和全部的力量來打贏這場戰爭。

因應雇主、有組織的礦工——包括礦工聯合會——的要求，成立了戰時勞工局②，以解決通過集體談判無法解決的爭端。

戰時勞工理事會是一個平等的代表工人、雇主和廣大民眾的審理理事會。

在目前的煤炭危機中，調節和斡旋的各種努力都無濟於事。

依照法律，此案被移交給戰時勞工理事會審理。此機構是經工人組織同意爲此特殊目的而成立的。

董事會的成員遵循一些通常的做法，這些做法在處理以往的爭端中證明是行之有效的。他們行動迅速，著手從礦工以及資方兩邊收集此案的所有事實。

戰時勞工理事會已經準備針對此案召開公開公正的聽證會。我已經做出保證，如果該理事會做出任何調整薪酬的決定，一定從四月份起補發。但是礦工聯合會的官員們在上週一被邀請參加聽證會時卻拒絕了。

上週三，當該理事會正在處理該案的時候，某些煤礦開始停工。週四上午我給礦工聯合會的官員們去電，要求礦工們週四上午恢復生產。然而，週五晚上卻開始了全國的總罷工。

礦工聯合會的官員應對此次危機承擔主要責任，而不是美國政府。但這種武斷行為的後果將威脅到我們所有的人。

昨天上午十點，政府接管了煤礦。我呼籲礦工們重返工作崗位為政府工作。政府需要陸軍士兵、水兵和海軍陸戰隊隊員在前線殺敵，需要成千上萬的民眾生產軍火，也需要礦工多採煤。

某些礦工的兒子可能在陸軍、海軍和陸戰隊中服役。你們的兒子此刻可能正戰鬥在新幾內亞、阿留申群島、在瓜達爾卡納島，在突尼斯或在中國，也可能在公海上巡航，保衛運兵船和運輸船免受敵方潛艇的襲擊。我們已經收到了正在海外作戰的勇士們的電報。我希望他們能夠告訴你們，對煤礦停工的問題他們是如何想的。

你們當中某些人的兒子因負傷已從前線返回，例如他們當中有很多人正在華盛頓陸軍醫院接受治療，其中有幾位也受到政府嘉獎。

我可以給你們講一個來自賓夕法尼亞戰士的故事。

他入伍前是一名礦工，他的父親也是。當它駕駛「空中堡壘」（Flying Fortress）在歐洲上空執行轟炸任務時，被納粹的重機槍擊中，負了重傷。

另一個小夥子，來自肯塔基州，也是一位礦工的兒子，六個月前隨部隊首次登陸北非時受傷。

還有一位年輕人，來自伊利諾州。它以前是名礦工，他的父親和兩個兄弟也都是礦工。他在突尼斯試圖營救兩位戰友時身受重傷，當時戰友乘坐的吉普車被納粹的地雷炸上了天。

這些戰士並不認爲自己是英雄，如果我通過廣播提到他們的名字，他們可能會難爲情。他們是在前線履行自己的使命時受傷的，他們懂得將最好的武器裝備及時、快速地交到前線作戰部隊的手中，這對成千上萬的美國人來說是多麼的重要。

這些浴血殺敵勇士們的父母、兄弟姐妹和朋友們，包括我們所有的人，我們也是在履行我們的使命：在生產線上。

任何生產上的停滯都會造成戰場上的慘敗。

沒有一個人，沒有一種勢力，能阻擋我們邁向勝利的步伐。

礦工們應該知道我們國家所宣導的幾項基本的權利，這些權利值得我們爲之奮鬥，甚至是獻出生命。

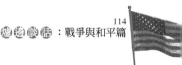

這就是爲什麼要將自己的兒子和兄弟從全國各地的礦山小鎮送到國外，去參加這場偉大戰爭的原因。這就是爲什麼你們會慷慨解囊、心甘情願地認購戰時公債，向很多基金捐款，以援助那些飽受戰爭蹂躪的外國同胞們。

這就是爲什麼自一九三九年戰爭爆發以來，你們生產的原煤每年遞增兩億噸的原因所在。你們在軍中服役的兒子所表現出的堅忍不拔的精神絲毫不令人吃驚，他們都是鋼鐵戰士。礦工們也一樣可以承受艱難困苦，減少艱難困苦，提高礦工以及爲國家做出貢獻者的生活水準，一直是本屆政府的目標。

我很清楚生活費用問題正困擾著礦工們的家庭，也困擾著全國成千上萬的其他工人家庭。一年前我們的態度就很明確，政府決心要採取措施解決生活費用問題。政府已下定決心絕不會讓生活費用像第一次大戰那樣持續上漲。

政府決心要保持物價和工資的穩定。盡可能讓一美元能夠幣值穩定地購買數量相同的生活必需品。我說的是日常生活必需品，不是奢侈品，不是時髦商品。戰爭期間沒有這類東西，我們也要學會生活。

迄今爲止，我們沒有能夠將日常生活必需品的價格控制在我們預期的較低水準。礦區如此，其他地方也一樣。

無論是什麼地方，只要是發現日常生活必需品的價格過高，就一定要降下來。無論是什麼地方，只要發現有違反價格封頂政策的現象，觸犯者就一定要受到處罰。

在全國的大多數地方，房租的價格已固定。在許多城市，房租已降低至我們參戰之前的水準，服裝的價格也保持平穩。

這兩項支出，占工人家庭總預算的三分之一還要多。

至於占家庭平均花費大約三分之一的食品，我要重申：政府將繼續採取必要的措施，消除不合理以及可以避免的物價上漲，我們正在採取措施使肉類價格回落。

戰爭將繼續，無論個人的看法如何，煤炭的生產不能停止。工廠、變電所、鐵路都不能停止運轉，軍火必須源源不斷地送到前線部隊的手中。

因此，在目前的情況下，任何一位具有愛國心的礦工不下井採煤、而在做其他的事情是令人難以想像的。

國家絕不允許任何一座煤礦發生暴力行爲。

我已授權一位內務部長來主持煤炭恢復生產事宜。任何一位礦工出於愛國熱情要復工採煤，他及他的家人將得到全面、充分的保護。

如果有必要的話，我們將派部隊鎮守礦井入口以及整個礦山，以保護那些已復工的礦工以及他們的家人。

這些部隊將行使員警的職責：爲了整個國家，尤其是爲了我們正在前線作戰的陸海空軍將士們。這其中有你們的兒子，也有我的兒子，他們正在世界各地與我們共同的敵人浴血奮戰。

我十分理解礦工們對自己工會的忠誠，我瞭解他們爲建立工會所做出的犧牲，我一直都堅信工人們有權加入並捍衛工會組織。本屆政府不會做任何削弱礦工權利的事情，這一點毋庸置疑。

礦工生活狀況的每一次改善，都得到我由衷的支援，今天也如此。但是我也絕不會不顧我做爲美國總統和武裝部隊總司令的責任和義務。

煤礦復工生產是當務之急，內務部長將遵循原先合同的條款。如果是戰時勞工理事會所做出的薪金調整，或資方與礦工之間通過協議做出的薪金調整，又經過了戰時勞工理事會的批准，那麼這類薪金調整可回溯至四月一日生效。

四個月前在我遞交給國會的報告中，我表明自己的看法，我堅信美國的民眾有著良好的精神狀態。

自那時起，我探望了駐守在加勒比地區、在我們的盟國巴西和北非海岸線的美軍。最近，我再一次看望了我們無數的同胞——包括軍人還有平民——從大西洋之濱到墨西哥邊境，再到洛磯山脈。

今晚，面對煤炭產業大面積遭遇危機的時刻，我還要重申，美國民眾的精神狀態是好的。我知道美國人民不會容許任何人威脅自己的政府，我相信礦工們不會繼續進行針對政府的罷工。我堅信作爲美國人，礦工們將一定會聽從政府的號召。像所有其他優秀的美國人一樣，與我們的前方將士肩並肩去贏得勝利。

明天，星條旗就會飄揚在煤礦上空，我希望每一位礦工都會在星條旗下工作。

注釋：

①美國勞工聯合會（American Federation of Labor）、美國產業工會聯合會（American Congress of Industrial Organizations）是美國的全國性工會組織，一九五五年末合併成勞聯——產聯（AFL-CIO）。

②戰時勞工局（War Labor Board），美國在二戰期間建立的勞動力資源管理機構，旨在解決勞資糾紛等問題，集中資源為戰爭服務。

8 談戰爭進程與和平計畫

——一九四三年七月二十八日，星期三

在做這篇談話時，戰爭的形式已經有了根本性的轉折，在北非、歐洲、蘇聯以及遠東各個戰場，同盟國已組織反攻並取得了一系列勝利。當然，羅斯福沒有忘記戰爭的持久性、艱鉅性，他強調了「前線」與「後方」的同一性，呼籲民眾支持戰爭，「不獲全勝，絕不收兵」。在這樣的戰爭形勢下，談論和平也就理所當然。羅斯福揭示了和平的總目標：恢復被佔領國家人民的尊嚴，讓他們成為自己的主人，享有言論自由、宗教信仰自由，消除貧困和恐懼。

美國同胞們：

一年半以前我曾經對國會說：「柏林和東京的軍國主義者發動了這場戰爭。但是，全人類聚集的憤怒力量將終結這場戰爭。」

今天，這個預言正在一步一步實現。全人類彙集的憤怒力量正在向前挺進——在蘇聯前線，在廣闊的太平洋上，在歐洲——直搗他們的最終目標：柏林和東京。

軸心國已開始分崩離析，臭名昭著的法西斯在義大利的統治正在瓦解①。

法西斯主義者和納粹分子的強盜邏輯是不會得逞的，盟軍在陸、海、空的軍事優勢正在恰當

的時間和恰當的地點體現出來。

希特勒拒絕增兵援救墨索里尼。

實際上，希特勒駐西西里的軍隊竊走了義大利軍隊的機械化設備，使義大利軍隊束手無策只能投降。德國人再一次背叛了義大利盟友，他們的所作所爲同他們一次又一次在蘇聯前線、在埃及大撤退，並穿越利比亞和的黎波里，直到在突尼斯做最後的投降如出一轍②。

所以，墨索里尼得出一個不情願的結論：一切都完了，他可能看到了正義之神的影子。

但是，因爲對整個人類所犯下的滔天罪行，他和法西斯追隨者將受到審判和懲罰，絕不允許任何一名罪犯以辭職作爲權宜之計，逃脫審判與懲罰。

所以我們對義大利提出的條件跟針對德國和日本的一樣——無條件投降。

我們絕不會以任何形式，用任何方式單獨與納粹締結停戰協定或和約，我們絕不允許留下任何法西斯主義的殘餘。

最終，義大利將會重建。

重建工作將由義大利人民自己來完成，依據自由和平等的基本民主原則選擇自己的政府。

同時，對被佔領的國家盟國將不會效仿墨索里尼、希特勒和日本的模式：掠奪和饑餓。

我們已經在西西里幫助義大利人民，在他們的友好合作下，我們正在建立並維護社會治安和社會秩序。我們正在解散一些組織，這些組織使義大利人民處於納粹的暴政統治之下。我們正在爲他們提供日常生活必需品，直到他們能夠完全自給爲止。

的確，西西里人民爲今天的一切而興高采烈。多少年來他們第一次能夠享受自己的勞動果實。他們能夠吃上自己種植的糧食，而不是被法西斯分子和納粹分子搶走。

在每一個被納粹和法西斯分子、或日本軍國主義征服的國家，當地的人們都淪爲奴隸。我們決心恢復被佔領國家人民做人的尊嚴，做自己命運的主人，享有言論自由、宗教信仰自由、消除貧困和恐懼，這是我們的決心。

我們已經開始履行我們的承諾。

如果我冒犯了那些搞黨派之爭的人，那些稱我們的政策是「瘋狂的利他主義」和做「不切實際的白日夢」者，我深表歉意。

同時，西西里和義大利的戰爭仍在繼續，也必須繼續，直到義大利人民認識到這場戰爭再打下去是徒勞無益的。義大利人民也從未全心全意地支持和贊成這場戰爭。

從我們制定北非戰役計畫至今已一年有餘，制定西西里戰役計畫也已經六個月了③。我承認我性情急躁，但我想我明白、而且大多數人也明白，準備大規模的軍事行動需要大量的時間，我們不能拿起電話就下令下周發動一次新的戰役。

譬如，在進攻北非的部隊以及北非之外的部隊背後，是成千上萬的艦隻和飛機在守衛漫長且充滿危險的海上運輸線，把兵員、設備和給養送往前線。

在這些背後是國內的鐵路線和高速公路，將兵員和軍火運到港口；國內還有爲數眾多的工廠、礦山和農場生產加工這些物資；還有眾多的新兵訓練營，訓練新兵掌握如何在海灘上、沙漠中和山區中執行陌生、艱苦、危險的任務。

所以這一切都要不斷地重複，先是在北非，然後是在西西里的進攻中。

在西西里，我們增加了空中打擊力度，因爲我們可以利用北非爲基地，削弱西西里登陸地區敵人的防線，破壞敵人的補給線。

我們有趣的發現，每架「空中堡壘」轟炸機從北非基地起飛轟炸那不勒斯的港口設施時，每次任務需要一千一百加侖汽油，這相當於三百七十五張「A」級汽油定量供給票，足夠你駕車橫跨北美大陸五次。如果你將這乘上海外戰場上成千上萬的飛機、吉普、卡車和坦克的話，你將能更容易理解你在戰爭中的作用，更加理解汽油配給制的意義。

當我告訴你們攻擊西西里的先頭部隊包括三千艘艦船運送十六萬名士兵（其中有美國、英國、加拿大和法國的士兵）、一萬四千輛汽車、六百輛坦克和一千八百門大炮時，我覺得個人以及家庭的便利便顯得不是那麼的重要。緊隨先頭部隊之後，每天每夜都要增加數千名援兵。

對西西里戰役的精心策劃已收到成效，我們在人員傷亡、艦船和物資損失方面已遠遠低於我們事先的估計。

我們所有的人都爲這次戰役中參戰官兵的驍勇善戰感到自豪。

英軍第八軍（其中包括一些加拿大士兵）遇到了最爲頑強的抵抗，但對這支久經戰火考驗的部隊來說算不了什麼，德軍每抵抗一小時都要付出慘重的代價。美軍第七軍在西西里南部開闊的海灘強行登陸後，橫掃該島，直插其首府巴勒莫。對我們部隊中很多人來說，這是他們首次參加實戰，但他們都表現得像久經沙場的老兵一樣。

這歸功於戰場上盟軍各部隊的協調作戰；歸功於整個戰役的精心策劃；歸功於艾森豪將軍④的運籌帷幄。坎甯安海軍上將、亞歷山大上將和特德皇家空軍中將⑤都身經百戰，善於應對海陸空軍事行動中各種複雜的情況。

你們可能聽人說過，英國人和美國人永遠不能和睦共處；你們可能聽到有人說陸海空軍永遠不可能協同作戰；陸海空三軍眞正的協同作戰是不可能的，但突尼斯和西西里戰役讓那些心胸狹窄之人的偏見不攻自破。

這次戰爭中英國人民大無畏的戰鬥精神通過溫斯頓·邱吉爾的演講和行動彰顯無疑，全世界的人都知道美國人民對邱吉爾的深厚感情。

更加艱苦的戰鬥擺在我們面前。在今後的戰鬥中，我們和盟國將像西西里戰役一樣協同作戰，我們將共同堅持到底。

今天，我們的造船能力達到令人難以置信的程度，今年我們建造的商船的總噸位超過了一萬九千噸，明年將超過二萬一千噸。我必須清醒地認識到，本次戰爭中，除了橫跨大西洋的運輸，在阿留申群島⑥，在西南太平洋，在印度以及在南美沿海地區都有軍事行動。

幾個月來，我們被擊沉的船隻越來越少，而敵人被擊沉的潛艇卻越來越多，希望這種局面能持續下去。但我們沒太大的把握。我們一刻都不能放鬆警惕。

商運突然激增的一個直接結果，便是我們能夠停止咖啡配給制了，這對國內的民眾來說是個好消息，我們同樣也期望能在短時間內大幅度增加食糖的供給。

那些總是抱怨國內生活有諸多不便的美國人，應該多從我們的盟國民眾那裏學到些什麼：英國、中國、蘇聯以及所有被我們共同敵人佔領國土的人民。

最艱苦也最具有決定性的戰鬥正在蘇聯進行，我很高興我們和英國已經能夠在某種程度上給予蘇軍以支持。

一九四一～一九四二年，蘇聯雖退卻，但並沒有崩潰瓦解，將許多兵工廠從蘇聯西部地區遷到內陸地區，能夠團結一心保衛自己的祖國。

蘇聯軍隊的勝利已經表明對他們妄加斷言是危險的，這一點那位神秘的戰略大師希特勒也感受到了。

本月初德國發起的短暫反攻，是企圖鼓舞德國民眾士氣的垂死掙扎，蘇聯人並沒有上當。他們繼續實施反攻計畫——與整個盟軍戰略反攻協調一致的反攻計畫。

在約瑟夫．史達林元帥的領導下，蘇聯人民們和軍隊表現出前所未有的奉獻精神、堅定的決心和自我犧牲。

一個國家在挽救自身的同時，也能幫助全世界免受納粹的威脅，我們願意將來同這樣的國家做好鄰居，成爲眞摯的朋友。

在太平洋地區，從阿留申群島一直到新幾內亞，我們打得日本人節節敗退。我們已經掌握了主動權，我們不會放棄。

形勢變得越來越明朗。消耗戰，也就是逐漸消耗日本人實力的做法已初見成效，日本已損失了越來越多的飛機和船隻而無法補充。

持續強有力的消耗戰，將迫使日本從緬甸、暹羅和海峽殖民地，再穿過荷屬東印度群島到新圭亞那東部和所羅門群島漫長的戰線退縮回去。我們有理由相信他們的海上、空中運輸保障能力支撐不了這樣漫長的戰線。

我們在太平洋地區的陸海空力量正在不斷增強。如果日本人是從長遠的角度來制定他們太平洋地區的遠景規劃，使自己能夠站穩腳跟，並開發已征服地區的資源，他們最好現在就修改計畫。

我只是給他們一個建設性的建議。

我們正在向蔣介石元帥領導的英勇的中國軍隊提供飛機和至關重要的軍需物資，我們要不惜一切代價繼續支持下去。

儘管敵人企圖阻撓，從印度穿越敵人佔領區的空中補給線從未間斷過。在緬甸上空我們奪取了主動權並已擁有空中優勢，我們正在轟炸中國、印度支那和緬甸境內的日軍交通設施、軍需庫和軍事基地。

但是我們還沒有達到對日作戰的主要目標。

讓我們回憶一下，一年前在歐洲戰場上我們距離目標有多遠？我們正向前推進佔領戰略要地，使我們能夠從四面八方向日本列島發起攻擊。

你們可能有所耳聞，我們在前方取得了重大勝利，但在國內卻慘遭失敗。一些虛假的宣傳說得很輕巧，但卻不是事實，我認為這是另一種不成熟。

戰爭持續得越久，有一點就越加明瞭：沒有人能簡單地用鉛筆把一張紙一分為二，稱一邊是「前線」，另一邊是「後方」，因為這兩邊是密不可分地聯繫在一起的。

每一個陸軍師、每一支海軍特遣部隊、每一個戰鬥機中隊，都要依賴設備、彈藥、燃料和食品，當然還要依靠人力，依靠那些工作在辦公室、工廠和農場裏的那些普通美國民眾。

如果我們要取得最後的勝利並謀求世界的和平，以此證明我們所付出的犧牲是值得的，那麼，我們必須像贏得北非戰役和西西里戰役那樣，精心制定作戰計畫。

同盟國已就戰後的總體目標達成共識。各國一致同意，現在就所有的和平條款和未來的一切細節展開討論還為時尚早，讓我們先贏得戰爭。

我們一刻也不會放鬆對敵人的進攻，我們不能把時間花在確定每一條邊境線及解決世界上每一個地區的政治糾紛上。現在最重要的是將戰爭進行下去，直至最終的勝利。

專注於軍事勝利的同時，我們並沒有忽視對未來的籌畫。這就是自由——在全世界爲人們帶來更多的尊嚴和正義。

在種種別的事情之外，我們今天已經在爲軍人退役返鄉、回歸平民生活作出規劃。這些軍人轉業回鄉，不能讓他們面對的是通貨膨脹和失業，不能讓他們淪落到排隊領取救濟食品爲生，靠在街角出售水果度日的窘境。我們必須現在就制定好計畫，而不是要等到最後的時刻倉促應對、效率低下、考慮不周全。

我已向我們的軍中將士們保證，當戰爭勝利的時候，美國人民不會讓他們失望。

我希望國會協助我履行承諾，因爲很明顯的政府職能部門是無法做到的。希望國會在這一點上能盡心盡職，美國人民將對爲我們打贏這場戰爭的將士們履行自己的義務。

當然，安置好歸國的將士們只是問題的冰山一角。自一九四一年以來，有數百萬美國人工作、生活在戰時經濟當中，要解決這些人的安頓問題。更大的目標是戰時狀態向和平時期的過度。政府正在擬定計劃，並遞交國會予以實施。

但是，與其他人相比，軍人一定要做出更大的犧牲，無論是在經濟方面還是其他方面，軍人有權要求採取明確的行動來解決他們的特殊問題。

在我看來，他們至少有權要求下列事宜：

第一，每位軍人和每位商船船員光榮轉業，或退伍時發給一筆安置費。針對每個人的實際情況發給足夠的安置費，使其能夠維持自退伍轉業到找到一份新工作這段時間的生活。

第二，萬一努力之後仍未找到工作，如果在美國就業服務署登記註冊，就可以領取失業救濟金。

第三，爲軍人提供進一步教育或貿易培訓的機會，所需經費由政府承擔。

第四，依照其服役期限，抵減所有的參戰士兵失業保險金和養老保險金。爲此，所有的參戰士兵視同一直在私營企業工作。

第五，改進並放寬殘疾軍人和商船船員在就醫、休息療養及醫療保健方面的條款。

最後，給殘疾軍人發放足夠的撫恤金。

政府正在擬定其他重大且具有建設性意義的計畫，以解決某些迫在眉睫的問題，包括食品、人力、以及其他與軍人密切相關的問題。

幾周之內，我將就政府職能部門所要採取的確切行動、以及國會在新的立法方面具體的建議和舉措再次發表講話。

然而，我們對未來所有的籌畫，都要基於對所面臨問題的清楚認識和理解，這只能靠眞正的思考，而不是靠猜測臆斷，也不能靠政治上的操縱。

我承認我自己有時候都被報紙上相互牴觸的言論弄得暈頭轉向。一天，我看到一則「權威性」聲明，聲稱我們將於今年，也就是一九四三年贏得戰爭勝利。接下來第二天又出現一則同樣「權威性」聲明，聲稱戰爭將持續至一九四九年。

當然了，兩種極端：樂觀主義和悲觀主義，都是錯誤的。

戰爭持續的長短將取決於前後方的全力以赴和堅持不懈，而且這些努力都是爲了一個共同的目的。

美國士兵是不喜歡戰爭的。然而，只要他停止戰鬥，哪怕是短短的一瞬間，他自己以及他的戰友可能就會喪命。

同樣，國內的工人也可能不會喜歡戰時疲於奔命的工作、生活狀況。但是如果他對待工作漠不關心，消極怠工的話，同樣可能造成美國士兵血染疆場及一次重大戰役的失敗。

下一次如果有人對你說這場戰爭已「穩操勝券」，或者說「勝負已定」，你應該問他下面這些問題：

「你在全力以赴地工作嗎？」

「你在努力地種植糧食嗎？」

「你在盡自己所能購買戰時公債嗎？」

在防止通貨膨脹、打擊囤積居奇、謀取暴利方面，在公正地執行配給制方面，你是眞誠、愉快地配合政府的工作嗎？

「因爲，如果你的回答是『不』，那麼戰爭要比你想像中持續更長的時間。」

我們推翻墨索里尼及其走狗的計畫已取得了巨大的成功。但是，我們還要打倒希特勒及其幫兇、東條英機及其軍國主義分子。沒有人說這是輕而易舉的事。

我們必須直搗希特勒和東條英機的老巢。所以我們必須傾注更多的精力，需要更多計謀和精心的籌畫。

我們要將所有的力量、智慧和意志力傾注到這場戰爭中。

這樣說並不爲過。美國是一個偉大的國家，一個富裕的國家，但這種偉大和富裕，不足以使我們有絲毫的懈怠去浪費資源或犧牲將士們的生命。

不獲全勝，絕不收兵。這是前方每一位將士的決心，也必將是每一位美國後方民眾的決心。

注釋：

①一九四三年七月盟軍西西里島登陸戰役打響，因戰事失利和反法西斯運動高漲，義大利獨裁統治者墨索里尼被趕下了台。

②這裏指德意軍隊在北非戰役中的潰敗和投降。

③北非戰役計畫即北非登陸戰役的作戰計畫，代號「火炬」，一九四二年七月中制定完成。

西西里戰役計畫即西西里島登陸戰役的作戰計畫，一九四七年一月間在卡薩布蘭加制定完成。

④德懷特．D．艾森豪（Dwight David Eisenhower，一九九〇～一九六九），美國將軍、第三十四任總統，五星上將軍銜，曾任二戰期間的盟軍總司令，指揮北非、西西里和諾曼第諸次重大戰役。

⑤這裏的坎甯安（Cunningham）、亞歷山大（Alexander）和特德（Teder）都是英國軍人，擔任艾森豪的副手。當時艾森豪的軍銜是三星中將（也是臨時的，實際軍銜只是中校），這三人的軍銜都高於他（坎甯安和亞歷山大是上將，特德是四星中將）。

⑥阿留申群島，北美洲阿拉斯加西南的火山群島，隸屬於阿拉斯加州。

9

發起第三次戰爭籌款運動

——一九四三年九月八日，星期三

這篇談話是在義大利與英美簽署投降協定（九月三日）數天後進行的。羅斯福在這篇談話中宣佈了義大利戰場的停戰，但同時警告國人戰爭遠沒有結束，號召盟軍將德軍趕出義大利，並打贏地中海戰役，明確了戰爭的終極目標，即打到柏林，打到東京。為了配合戰爭的物資需求，羅斯福發起了第三次認購戰時公債的全民運動。

美國同胞們：

幾年前，美國中西部有一座城市遭遇洪水的威脅，整座城市危在旦夕。洪水即將漫過堤壩，全城所有的男女老少都被調動起來，填運沙袋以抵禦不斷上漲的洪水。多少個日日夜夜，毀滅和死亡近在咫尺。

最終，全體民眾眾志成城，萬眾一心，保住了家園。所有的人，不分種族：商人、工人、農民、醫生和傳教士都參與了這場與洪水的殊死較量。

對我來說，這座城市就是一座豐碑，它詮釋了什麼是「人心齊，泰山移」。

今天，同樣需要全體民眾眾志成城、萬眾一心，只是規模更大，使盟國及其民眾能夠保住文明的大堤不被侵略、野蠻和大屠殺的洪水所吞噬。

這場洪水已肆虐四年之久，我們終於開始遏制住它。但洪水尚未完全退卻，我們不能有絲毫的放鬆與懈怠，要持續不斷地裝填沙袋嚴陣以待。這次發行戰時公債的活動，我們就是在裝填沙袋以抵禦洪水。如果我們要阻擋住這污水洪流，不被它席捲而去，這些沙袋就必不可少且至關重要。

今天，義大利境內已進入停戰狀態①。

對盟軍來說，這是一個重大的勝利。而對義大利人民來說，也同樣是一個重大的勝利。經過了常年的戰亂和屈辱的生活，義大利人民終於迎來解放的這一天，從納粹的魔爪下解脫出來。但我們切不能誤認爲這局部的停戰就意味著地中海地區戰爭的結束。我們必須將德國人趕出義大利，就像當初我們將他們趕出突尼斯和西西里一樣。我們必須將他們驅逐出法國，以及其他所有被佔領的國家。我們還必須從四面八方向他們的本土發起進攻。

這場戰爭的最終目標，是一直打到柏林和東京。

請你們時刻牢記我們的目標，不要忘記實現這些目標還有很長的路要走。

今天從艾森豪將軍那兒傳來了好消息，大家絕不能飄飄然而高枕無憂，並且安逸地認爲：「好了，終於大功告成了，我們已經打得敵人望風而逃，一敗塗地，現在我們可以好好地慶祝一番了。」

現在就慶祝還爲時尚早。而且我懷疑當勝利來臨時，我們是否還會有慶祝的想法。我想，到時候我們共同的想法只會是決心不讓戰爭的悲劇重演。

過去的幾周裏，我與邱吉爾首相及盟軍的統帥們一直在召開會議，並與我們的盟友蘇聯和中國保持聯繫，他們正在遠東前線與敵人進行不屈不撓的戰鬥，並取得了輝煌的戰績。在這樣一個生死攸關的時刻，我和邱吉爾在華盛頓舉行了會晤。

我們看到，去年一月份在卡薩布蘭加、五月份在華盛頓制定的計畫[2]成效顯著，令人滿意。近來我們已針對未來制定了新的全面計畫。但在整個會議期間，我們時刻保持著清醒的頭腦，在即將到來的幾個月漫長的時間裏，戰爭規模會更大，也會更加殘酷。

這場戰爭一刻也不會、不能停止。前方的將士知道這一點。

那些正在穿越叢林與日軍激戰的將士，那些在破曉時分乘登陸艇衝向敵人海岸的將士，那些駕駛轟炸機超低空飛行將炸彈投向目標的勇士，他們每一個人都知道，戰爭每一分每一秒都在繼續，直到取得徹底的勝利。

同樣，盟軍的每一位統帥正在一刻不停地進行著。每耽擱一天，都可能付出慘重的代價——戰爭就可能多持續數月。

我們計畫及發動的每一次戰役，每一次戰役中的每一次戰鬥，都要計算出數量驚人的物質消耗。任何資源的運用都絕不能吝嗇，因爲我們需要這一切資源去完成我們的使命。

在世界各地的每一塊戰場，無論是陸地、空中還是海上，美軍將士們已經表現得十分出色。現在該是你們來證明自己的時候了，證明你也正在做出貢獻，甚至超越那些前方的將士。僅僅將我們日常積蓄用於購買戰時公債的意願是不夠的，我們必須節衣縮食，省下錢來購買戰時公債，只有這樣，我們才對得起自己的良知。現在就看你們的了，美國國內的同胞們，我們的兒女正在爲捍衛家園而工作、戰鬥甚至犧牲。

當談到美國人是不會把劣質的裝備送到我們前線部隊手中的時候，我知道我是說給每一位美國人聽的。我們也不會滿足於將與敵人旗鼓相當的裝備交予部隊手中，我們一定要爲部隊提供每一種他們所急需的武器裝備，這些武器裝備無論在數量上、還是在品質上都要佔有壓倒性優勢。

那麼我們這種壓倒性的優勢從何而來呢？這只能來自每一位美國民眾的支持。你們借給政府的錢，你們所繳納的稅，都要用於購買那些致命的、同時又是挽救生命的武器裝備。這些武器裝備是贏得勝利所必須的，這是一場代價昂貴的戰爭，要花大量的錢。作爲美國公民，你們可以維持最低的生活支出，以支持政府度過難關。

美國人民永遠都不會去考慮爲了挽救文明所付出的代價。他們知道，如果沒有了自由，金錢將會失去意義。

可以確信，敵人正在盯著我們的一舉一動。他們知道，此次籌款如獲成功，戰爭進程將會縮短。他們知道，美國民眾籌的錢越多，戰場上美軍將愈加強大和果敢。他們知道，只有美國民眾團結一心、意志堅定，才可能夠募集到這一百五十億美元的巨額資金。

四月份第二次戰爭籌款的巨大成功表明，我們這個民主國家的民眾是前方將士的堅強後盾。今晚即將舉行的第三次戰爭籌款也將取得巨大的成功，因爲美國人民是不會坐視不管的。

我無法說清在這第三次戰爭籌款過程中將會有多少錢購買戰時公債。沒有人能說得清，這全靠你們憑自己的良知來決定。

然而，我還要補充說一點。因爲國家的需求比以往的任何時候都要大，我們也要做出比以往任何時候都要大的犧牲。

沒人知道全面的勝利會何時到來。但是我們知道，對敵人的攻擊越猛烈，我們的力量越強大，戰爭的進程就會越短，所付出的犧牲也就越小。

第三次戰爭籌款的成功，說明了美國並不打算安於現狀。我們知道前面的任務更艱難。我們不會停下前進的腳步，直至最終完成我們的任務。

考驗你們的時候到了。

你們用於購買戰時公債的每一美元，都顯示你們對我們的共同敵人——野蠻殘暴的德國人和日本人的蔑視，都表達了你對盟國以及前方將士的信心，也是對他們士氣的極大鼓舞。

上帝保佑他們！

注釋：

①一九四三年七月二十五日墨索里尼下臺後，原意軍總參謀長巴多裏奧組成新政府，並宣佈停戰。九月三日，新政府與美英簽訂無條件投降協定。

②這裏的計畫分別指北非戰役和西西里戰役的作戰計畫。下文的「新的全面計畫」，則指代號「霸王」的諾曼地登陸計畫。

10 關於德黑蘭會議和開羅會議

——一九四三年十一月二十四日，星期五

開羅會議和德黑蘭會議，是一九四三年十一月下旬同盟國領袖連續舉行的兩次推進戰爭進程和進行戰後規劃的重要會議，由此確立了開闢歐洲第二戰場和遠東聯合作戰的計畫，開始了對軸心國的全面反攻，並確立了戰爭目標和戰後和平原則。此時，勝利的曙光似乎已經顯露，和平安寧已經不再遙遠，「終於可以滿懷信心地憧憬未來了」。緣此，羅斯福意味深長的選擇在平安夜做了這次「爐邊談話」。顯然主題是兩次會議，但平安、聖誕的氣氛貫穿整個談話，「世界和平，人類友善」的聖誕精神給人以極大的溫馨和鼓舞。

朋友們：

我剛剛結束地中海地區以及蘇聯邊境地區的巡訪。就目前的軍事問題，尤其是就從各個方向加快對敵人的計畫方面，我與英國、蘇聯和中國的領導人舉行了會晤。

今年耶誕節，光是美國的兵力就達到了一千萬人。一年前，我們在海外作戰的兵力是一百七十萬人。今天，這個數字翻了一番還要多，海外兵力總數達到了三百八十萬人。到明年七月一日，海外兵力的總人數將增加到五百萬人。

今天，當對外廣播機構為我安排時間對我們的三軍將士、以及商船船員發表講話之際，我才

眞切地感受到，這是一場眞正的世界大戰。此時此刻，美國、加勒比海、南美的北部海岸正是下午；阿拉斯加、夏威夷和太平洋中部地區還是早晨；冰島、英國、北非、義大利和中東地區已是夜晚。考慮到這些情況，我們確定了此次廣播的時間。

西南太平洋、澳大利亞、中國、緬甸和印度現在已是耶誕節了。所以，可以這樣說，此刻對遠東地區作戰的美軍官兵來說，已經是二十五日了。

但是，在世界的每一個角落，在這場世界大戰的每一時刻，一種特殊精神一直在激勵著我們。這種精神使我們貼近家園，使我們與朋友和鄰居的關係更加親密，這就是「世界和平，人類友善」的聖誕精神，這種精神生生不息。

過去的幾年中，霸權主義和野蠻的侵略行徑在歐洲和亞洲橫行，聖誕狂歡也由於對未來的憂慮蒙上了陰影。我們曾互致問候說：「聖誕快樂！新年快樂！」但清楚籠罩在世界上空的烏雲使我們難以誠摯的、滿懷信心地互致祝福。

今年，我們仍將歷經更多的磨難，面對更多的犧牲和個人的悲劇。經歷了所羅門群島、吉伯特群島、突尼斯和義大利的血戰，以及對現代戰爭的體驗和瞭解，我們的將士們知道仍然有許多大仗要打，代價也將更大。

但是，今年的平安夜，我們終於可以滿懷信心地憧憬未來了。也就是說，無論代價多麼巨大，「世界和平，人類友善」終將得以實現和保障，今年我可以說這樣的話了。

去年，我只能表達一種希望。今天，我對此十分有把握，儘管代價可能很大，所需時間也可能較長。

過去的幾年，過去的幾周已經創造了歷史。比起人類歷經的任何一個歷史階段，比起歷史上動盪歲月中人類所大膽奢望的一切，我們所創造的歷史都要輝煌燦爛的多。

今年十月的莫斯科會議，莫洛托夫、艾登先生和美方的霍爾開創了先河①，爲後續的諸多會議鋪平了道路。

在開羅會議和德黑蘭會議②上，我們不僅專注於軍事問題，還專門考慮了對世界未來的規劃，以告慰在這場戰爭中死去的亡靈。

當然，大家都知道，我和邱吉爾先生以前曾愉快的會晤多次。我們之間彼此熟悉，彼此理解。的確，邱吉爾先生在美國早已名聞遐邇，受到美國民眾的愛戴，最近在他身患重病期間，所有的人都發自內心地爲這位偉人祈禱。

在開羅和德黑蘭會議上，我第一次有幸與蔣介石委員長和史達林元帥這兩位不可征服的領導人坐下來面對面交談。在開羅和德黑蘭，我們原打算隔桌交談，但很快我們發現三人坐到了同一邊，懷著對彼此的信任我們共同參加這場會議，但我們需要個人之間的接觸，如今我們彼此之間的信任在加深。

跋涉數千英里的會晤是非常值得的。期間，我們收穫了令人振奮的保證：我們在多個主要的目標上完全一致，包括實現這些目標的軍事手段。

在開羅會議期間，我和邱吉爾首相和蔣介石委員長共同度過了四天時光。我們第一次有機會在一起共同審視分析遠東地區的複雜局面。我們不僅敲定明確的軍事戰略方針，而且還商討了某些長遠的原則，相信這些原則能爲遠東地區的未來帶來和平。

這都是一些簡單、基本的原則。

其中包括：將掠奪的財產歸還給其法定擁有者；承認遠東地區的人民有權按照自己的意願建立自治政府；永遠消除日本帝國主義，消除其成爲侵略的後患、以確保太平洋和世界其他地區的和平與安寧。這一點至關重要，美國以及其他國家的將士們，將永遠不必再像今天這樣與敵人逐島爭奪，浴血奮戰。

不斷強大的美軍，正在沿一條巨大弧線的許多點狠狠打擊日本人。這條弧線穿過整個太平洋，從阿留申群島一直到緬甸的叢林。美國、澳大利亞、紐西蘭、荷蘭，以及英國的陸海空軍彙集在一起，形成一條鋼鐵洪流，緩緩的向前推進，形成對日本的包圍。

亞洲大陸上，在美國空軍的支援下，蔣介石委員長正指揮中國軍隊發起反攻，將侵略者趕入大海。

按照在開羅制定的軍事計畫，馬歇爾將軍已與麥克亞瑟將軍和尼米茲將軍③多次召開會議。這些會議在不遠的將來對日本人來說將會是噩耗。

在與蔣介石委員長的會晤當中，我看出他是一位有遠見卓識、英勇無畏、對眼前及將來諸多問題有獨到見解的人。我們對日本從各個方向發起攻擊的各項軍事問題展開了討論。

我可以這樣說，他是帶著我們要戰勝共同敵人的堅定信念返回重慶的。今天，我們與中華民國之間比以往任何時候都緊密團結，情深誼厚，目標一致。

開羅會議之後，我和邱吉爾先生乘飛機前往德黑蘭④。在那裏我們與史達林元帥會晤，就我們能夠想到的每一個有關戰後及戰後建立持久和平的問題，開誠佈公地展開了討論。

經過整整三天緊湊友好的商討，我們就對德國發起大規模進攻的每一個細節達成了共識。蘇軍將在東部繼續向德軍發起堅決的反擊；義大利和非洲的盟軍將在南部對德軍施壓。如今，隨著美軍和英軍在其他地方對德軍發起攻擊，對德軍的包圍將最終完成。

擔任這次從其他地方對德軍發起聯合進攻的司令官，是艾森豪將軍。

艾森豪將軍在非洲、西西里和義大利戰功卓著，屢建奇功。他深諳如何指揮陸海空三軍協同作戰，並有過成功的戰例。卡爾．A．斯帕茨⑤中將將指揮所有美國戰略轟炸機群對德國實施轟炸。

艾森豪將軍將把他在地中海地區的軍事指揮權移交給一位英軍將領。這位將領將由邱吉爾先生來任命。我們現在向這位即將到任的指揮官鄭重承諾，駐地中海地區的美軍將聽從他的指揮，直至實現該地區的每一個目標。

來自美軍和英軍的眾多下屬軍官將輔佐這兩位新上任的指揮官，其名單於近期公佈。

過去的兩天裏，我和史達林元帥、邱吉爾先生在德黑蘭對德國戰敗之後的事宜做了討論，我們一致決定必須剷除德國所有的軍事力量，並且不允許其在可以預見的未來重新發展軍備。盟軍無意奴役德國人民。我們希望德國人們能夠作爲歐洲大家庭當中有益的、受尊敬的一分子，有機會在和平的環境中發展。但我們要特地強調「受人尊敬」這一字眼。因爲我們要徹底地消除納粹和普魯士軍國主義；徹底地清除那種認爲日爾曼民族是優等民族的荒唐理念，因爲它給整個人類都帶來了災難。

我們從宏觀上粗略地探討了有關國際關係方面的事宜，並未涉及細節。基於我們討論的內容，我今天可以說蘇聯、英國和美國之間不會產生任何無法解決的分歧。

在這些會議上，我們著重探討了一些基本的原則問題，其中包括世界上所有國家的安全問題、安康事宜和生活水準方面的問題。

借用一句不太符合語法規則的美國俗語，可以說我和史達林之間能夠「處得來」（got along fine）。他這個人意志十分堅定，又非常幽默。我認爲他的確是蘇聯人民的主心骨。而且我也認爲我們與史達林之間，與蘇聯人民之間會和睦相處的。

英國、蘇聯、中國、美國以及其他盟國的人口占了世界總人口的四分之三還要多。只要這四個軍事力量強大的國家團結一心，堅定地維護世界和平，就不會有哪個國家能夠再次挑起世界大戰。

但這四個大國必須與其他歐洲、亞洲、非洲和美洲所有熱愛自由的人民聯合並合作。國家無論大小，其主權都要受到尊重和保護，就如同我們每一個共和國的主權一樣。

弱肉強食是敵人的信條，我們是不會接受的。

但與此同時，只要有必要，我們絕不放棄使用武力維護世界和平。

這是我們一貫的政策，也是一項常識性的政策：每一個嚮往自由的國家，其主權也必須由其為自由而戰的意願所決定。今天，我們要向那些被佔領國家中看不見的盟友、地下抵抗組織和解放力量致敬。當大反攻之日到來之時，他們將會是強有力的力量。

科學的發展使世界變得越來越小，地理距離正在被淡化。例如，歷史上大西洋和太平洋曾被看作是美國的天然屏障。例如，憑藉這樣的天然屏障，對我們美國以及其他美洲的共和國來說，抵禦強敵的入侵並保持獨立在過去完全不成問題。最近，幾乎沒有人會認為我們能夠在太平洋沿岸抵禦日本人的入侵。

第一次世界大戰爆發的時候，很少有人會認為我們的船隻會在公海上受到德軍潛艇的威脅，沒有人會認為德國軍國主義會企圖主宰中歐之外的國家。

一九一八年停戰之後，我們認為並希望德國軍國主義的思想體系已瓦解。懷著人類相互友好的善意，之後的二十年當中我們一直在裁軍。受德國人悽楚哀鳴的假象蒙蔽，其他的國家允許他們，甚至是資助他們發展軍備。

多少年以來我們一直滿懷虔誠的期望，期望侵略者和好戰國家能夠學會、理解並信守維護世界和平的信條。

過去的幾年中，我們善意的嘗試並未奏效，甚至給我們帶來了災難。反對者希望我們不要再枉費心機。不，這樣說是不是過於軟弱了？我的決心是，作爲美國總統和三軍統帥，我要盡我所能確保類似的悲劇不再重演。

美國國內總是有那麼一些喜歡瞎起哄的白癡，他們認爲只要每一位美國人都返回各自的家園，然後大門緊鎖就不會有戰爭了。自以爲動機很崇高，但所發生一切卻表明他們並不願意去面對現實。

全世界絕大多數的人民是熱愛和平的。他們之中的大多數人正在爲贏得和平而戰鬥。不是爲了休戰，也不是只爲了停戰，而是爲了和平，爲了人類穩固、永久的和平。如果我們今天願意爲和平而戰，那麼將來爲了維護永久的和平在必要的情況下動用武力，就是不合邏輯的嗎？

我相信，並且我認爲，正在爲贏得和平而戰鬥的另外三個大國也會與我們達成共識：隨時準備動用武力維護和平。如果能讓德國和日本的民眾認識到全世界人民是不會放過他們的這樣一個道理，他們就完全有可能拋棄侵略的哲學：相信他們會稱霸全世界，甚至不惜喪失自己的靈魂。這也是我的希望。

在兩周之後我將遞交給國會的報告，我會就開羅和德黑蘭會議做詳細的說明。屆時我還要詳談有關美國國內的情況。

但今天我想說的是，在我整個的行程中，無論是在國內還是在國外，目睹我們的將士所取得的輝煌戰績，使我倍感鼓舞和振奮。

我想對我們的將士及他們的家人鄭重聲明，對正在全球各地指揮作戰的馬歇爾將軍和金海軍上將，我們有絕對的信任並充滿信心。他們身兼重任，負責制定戰略計畫並決定於何時何地發起進攻。這兩位將軍已經在美國歷史上佔有了一席之地，獲得了崇高的威望。歷史將記錄下他們的軍事才華，今天在這裏不便詳述。

某些駐紮在海外的美軍官兵，正在異國他鄉度過第三個耶誕節。對他們，對所有身在海外以及那些即將奔赴海外戰場的官兵們我做出保證：贏這場戰爭、並讓你們儘早歸國還鄉是政府的目標。

美國的民眾可以確信，當我們的將士凱旋歸來的時候，在自由的體制之下，美國將會給他們提供接受教育、療養；爲他們提供社會保障、就業及開辦公司創業的一切機會。他們將會享有充分的選舉權，投票選出美國人民自己的政府。

美國人們完全有理由相信，這是一場艱苦的、頗具毀滅性的戰爭。在這次國外的行程中，我與那些和敵人在戰場上有過交鋒的將士們交談。這些將士們對戰況的如實講述，再一次印證了敵軍將領和士兵們的強悍、驍勇和詭計多端。一定要歷經浴血奮戰才能贏得最終的勝利。戰爭已進入到這樣一個階段：我們必須預見到更大的傷亡——陣亡、受傷以及失蹤。

有戰爭就必定會有死亡，勝利的道路不會平坦，戰爭何時結束現在還無法預測。

我回到國內剛剛一周，我應當把我一路的印象告訴你們，我看到一些人存在這樣一種傾向，認爲戰爭很快就會結束，認爲我們已經取得了勝利。

由於這種錯誤的認識，我察覺到某些人試圖重新挑起並鼓動黨派之間在思想上和言論上的紛爭與矛盾。我希望我是看錯了。因爲，擺在我們面前第一位也是最重要的任務，是打贏這場戰爭，爲我們的子孫後代爭取持久的正義與和平。

在歐洲和遠東地區正在醞釀大規模的反擊。

這需要我們、我們的盟國，無論是前線的將士還是在國內生產線上的工人，都能夠傾盡自己的全力，並表現出堅韌與勇氣。正如我先前所談到的，我們無法做到週一制定出大規模的作戰計畫，週六就發起攻擊。

將近一個月之前，我乘一架大型運輸機飛抵巴勒斯坦小鎮伯利恒⑥。

今晚，就是平安夜，世界上所有的基督教徒都在思念這座小鎮，思念那顆一九〇〇年前在那裏閃爍的宗教之星。

今天，美國的將士們正戰鬥在白雪皚皚的山脈，戰鬥在瘧疾肆虐的叢林，和烈日炎炎的沙漠；戰鬥在綿延的海岸線和雲霄之巔。他們在爲他們的夢想而戰。我想，他們的英雄事蹟正代表了來自伯利恒的訊息。

代表美國人民以及你們家鄉所有的親人，我想我們的軍中將士們傳達了耶誕節的訊息：你們正在爲剷除世界上的邪惡而戰鬥。我們在內心深處爲你們及與你們並肩戰鬥的戰友們祈禱。

願上帝保佑你們，你們的家人，及你們家鄉所有的親人們。

願上帝保佑那些傷病戰士，保佑那些落入敵手、正等待重新獲得自由的戰俘們。

願上帝收留並悉心呵護那些不幸身亡的將士們。他們的同胞將會永遠的緬懷他們。

願上帝保佑那些平安夜還在前線殺敵的勇士們。

願上帝保佑我們所有的人。

讓我們堅信我們是在爲人類美好的明天而戰——在這裏，在世界的每一個角落。

注釋：

①莫洛托夫、艾登、赫爾分別是當時蘇、英、美三國的外交部長（大臣），他們在莫斯科的會晤，為後來三國元首的會議打下了基礎。

②開羅會議是美、英、中三國領袖在一九四三年十一月二十二～二十六日在埃及首都開羅舉行的會議，會議商討了聯合對日作戰計畫，以及擊敗日本後如何處置的問題，十一月一日發表

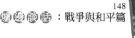

《開羅宣言》。《開羅宣言》的主要內容是：日本必須放棄在一次大戰開始後在太平洋佔領的一切島嶼，歸還日本侵佔的中國領土，把日本從其攫取的所有土地上驅逐，堅持日本無條件投降。

德黑蘭會議是美、英、蘇領袖一九四三年十一月二十八日～十一月一日在伊朗首都德黑蘭舉行的會議，會議討論了三國對德作戰的一致行動和戰後和平問題，締結了《德黑蘭協定》（當時未發表），規定美英等國於一九四四年五月發動諾曼地登陸（實際上在六月五日），開闢第二戰場。會後發表的《德黑蘭宣言》宣佈就消滅德軍的計畫取得完全的協議，並將協力在戰後創造和平。

③賈斯特・尼米茲（Chester W. Nimitz，一八八五～一九六六），美國海軍五星上將，曾任太平洋艦隊總司令兼太平洋戰區最高司令，指揮中途島海戰，以及諸多太平洋奪取日占島嶼的行動。

④開羅和德黑蘭會議原本應是四國首腦的國際會議，由於當時蘇聯對太平洋戰爭保持「中立」，所以史達林不願出席有蔣介石參加的會議，故一個會議分成了兩個：史達林不參加開羅會議，蔣介石不參加德黑蘭會議。

⑤卡爾・安德魯・斯帕茨（Karl Andrew Spaatz，一八九一～一九七四），美國空軍四星上將，曾任戰略航空兵司令、空軍參謀長，曾指揮一九四二年的對歐洲德占區轟炸和一九四五年的對日原子彈投擲。

⑥伯利恒（Bethlehem），基督教和猶太教的聖地，位於巴勒斯坦中部猶太山地的頂端，耶穌誕生教堂是其最著名的古跡。山洞教堂正中的大理石上綴有一顆銀製五角星，上鐫拉丁文：「童貞女瑪利亞之子耶穌基督在此降生。」

11 致國會的國情諮文

——一九四四年一月十一日，星期二

這原本是羅斯福要向國會宣講的國情諮文，但因身患流感，未能前往，因此採取了「爐邊談話」的方式。談話中不但闡述了當時國內外的時政情況，更主要的是喚起人們的奮鬥精神，以信心十足的精神面貌徹底打贏戰爭。之後，羅斯福又展望了戰後的世界和任務，希望戰勝國能在戰後攜起手來，為建立一個永久和平的世界找到一個造福千秋萬代的公平架構。這篇諮文也表露出羅斯福日後創建聯合國的初步想法，同時流露出後來《聯合國憲章》的精神，即「維護國際和平與安全」，「促成全球人民經濟及社會之進展」的思想雛形。

女士們、先生們：

今天，按照憲法的要求，我向國會遞交年度諮文。由我本人來宣讀這些年度諮文已成爲慣例，同時這些諮文已向全國廣播，今年我還要遵循此慣例。但是，像許多美國同胞一樣，我也染上了流感。儘管我已大致痊癒，我的醫生還是不允許我離開白宮前往國會大廈。

只有少數幾家國內報紙全文刊登了國情諮文。在這歷史上具有重大意義的一年，我十分迫切地想讓美國民眾傾聽到我向國會提出的建議，以及我提出這些建議的理由。

以下便是我的講話：

在過去的兩年中，美國已積極參與這場反對奴役全人類的偉大戰爭。

當今世界受到強盜統治的嚴重威脅，我們已經與志同道合的人聯合起來捍衛自己。

但我仍然認爲，任何一位美國人都不能僅僅滿足於能夠生存。我們和我們的盟國所付出的巨大犧牲賦予我們一項神聖的責任：確保我們的子孫後代有一個更加美好的未來，而不僅僅是生存。

我們正聯合起來，下定決心絕不允許出現這樣的局面：這場戰爭結束之後，經過短暫的過度又降臨一場新的災難。我們決心絕不重複「鴕鳥孤立主義」的悲劇性錯誤。

赫爾先生十月前往莫斯科，我在十一月前往開羅和德黑蘭的時候，就知道我們已與盟國達成共識，共同決心戰鬥到底打贏這場戰爭。但是，仍然存在諸多有關未來和平至關重要的問題擺在我們面前。在和諧友好的氣氛中，我們開誠佈公地商討了這些問題。

在上一次世界大戰中，直到戰爭結束，各代表團圍坐在談判桌前，才開始類似的商談和會晤。此前，根本就沒有面對面協商的機會以達成共識。結果，和平並非眞正意義上的和平。

在此，我要對某些心存疑慮的人說上幾句，這些人擔心我或者是赫爾先生已經做出承諾：美國保證將來將信守秘密條約，或扮演世界聖誕老人的角色。

對於這種多疑的人——這是客氣的稱呼——我希望說明，邱吉爾先生、史達林元帥和蔣介石委員長都很瞭解我國憲法的規定，赫爾先生也是如此。我也如此。

當然，我們是做出了一些承諾，我們確實做出了承諾要制定大規模的、具體的軍事計畫，調動所有的軍事力量，盡可能早日打敗我們的敵人。

但是，根本就沒有什麼秘密條約以及政治、經濟方面的承諾。

經與每個國家單獨協商及全體盟國成員共同討論之後，未來最高的目標可以歸結為一個名詞：安全。

這不僅僅意味著不受外敵侵略的有形安全，這還意味著在國際大家庭當中，擁有經濟安全、社會安全和道德安全。

在與蔣介石委員長、史達林元帥和邱吉爾首相的開誠佈公交談中，有一點是十分清楚：他們對恢復本國人民和平發展——奔向更美好的生活非常感興趣。所以，我們的盟國都希望得到開發本土資源、建設工業、發展教育以及個人發展方面的機會，也希望得到提高生活水準的自由。

所有的盟國都已經從自身的經歷中——從那些痛苦經歷中體會到如果被不斷的戰爭，抑或是戰爭的威脅轉移注意力的話，那麼眞正的發展是不可能的。

對以下重要現實的認識上，中國、蘇聯與英國、美國眞正一致。

每一個國家，無論大小，其最高利益要求所有熱愛和平的國家加入到一個公正、持久的和平體系中來。

在目前的國際形勢下，德、意、日法西斯的行徑已經表明，我們只能動用武力對待那些和平的破壞者，就如同國家要用暴力來對待某些不守法的公民是一樣的，這一點毋庸置疑。與世界永久性和平同樣重要的是各國人民較高的生活水準，沒有恐懼與消除貧困是永遠聯繫在一起的。有些人就像視力極差、到處挖洞的鼴鼠一樣。他們到處造謠惑眾，說什麼如果其他國家的生活水準提高了，美國人自己的生活水準就會下降。

實際情況卻恰恰相反。

如果一個國家的生活水準提高了，其國民的購買力就會提高。這樣，與之做貿易鄰國的生活水準也會相應提高。這是一個淺顯易懂的常識，正是這種淺顯易懂的常識爲莫斯科、開羅和德黑蘭的會談打下了基礎。

當我結束旅程返回國內之後，我發現華盛頓這裏的人有很多錯誤的認識。我承認我感到很失望，這些錯誤的認識在於過分強調次要的問題，對首要和重大的問題卻重視不夠。

絕大多數美國民眾都能適應戰爭的要求，表現非凡的勇氣和極大的理解，他們已經接受了戰爭帶來的諸多不便、艱難困苦甚至是犧牲。而且他們準備並樂於爲儘快贏得戰爭作出進一步的貢獻，只要讓他們瞭解自己該做什麼。

然而，當大多數人在毫無怨言地繼續工作的時候，有少數人一直在喧囂騷動，爲某些特殊團體謀取特殊的優惠。總有些討厭的人蜂擁在國會大廳和華盛頓的雞尾酒吧，代表那些特殊的團體對抗國家的根本利益，以犧牲他人利益爲代價，他們已逐漸把這場戰爭看作是一個爲自己謀求利益的機會——金錢的利益，或是仕途的升遷。

這種自私的喧囂騷動，在戰爭期間是極爲危險的。它會造成困惑，影響士氣，妨礙舉國上下的齊心協力，並延緩戰爭的進程。

如果我們客觀分析美國的歷史，我們就無法迴避這樣的事實：在過去，我們並不總是能夠在戰時捨棄個人和黨派的利益——我們也並不總是能夠在目的和方向上保持統一。我們不能忽視，在我們的革命戰爭、一八一二年戰爭或者各州間的戰爭中，在美國處於生死存亡的危急時刻，都曾存在嚴重的分歧，都曾缺乏足夠的團結。

在第一次世界大戰中，我們比以往任何戰爭都更接近於全國的統一。但是，那次戰爭僅持續了一年半，而且在最後幾個月裏，我們的不團結開始日益嚴重。

這場戰爭使我們被迫體會到，所有的團體、所有的民眾是多麼的唇齒相依。

舉個例子，食品價格上漲，將會使所有生產軍需品的工人們提出要求增加薪水。由此帶來所有的物資價格上漲，其中包括農民必須購買的東西。工資和物價的上漲將會造成同樣的結果，這樣會對固定工資群體造成災難性的結果。

我希望你們記住，所有在政府供職的人，其中包括我在內，都屬於拿固定工資的群體。這一群體包括：企業負責人、工人和農民。這個群體還包括：教師、牧師、員警、消防隊員，和靠固定收入生活的寡婦和未成年人、軍人的家眷以及領取養老金的老年人。他們及其家人的總數超過了美國一億三千萬總人口的四分之一。國會大廈裏幾乎沒有人能代表他們施加影響，在嚴重通貨膨脹時期，他們會是最大的受害者。

如果說有這樣一段時期個人以及團體的私利要服從於國家的利益，那就是現在。大後方一盤散沙，互相爭鬥，謀求私利，停工怠工，通貨膨脹，商界一如既往，政界一如既往，奢華一如既往——這些都造成了極壞的影響，削弱了前方將士的士氣——而他們在前方隨時準備爲我們犧牲自己的生命。

我並不認爲那些牢騷滿腹的人是在蓄意破壞我們全民抗戰。他們完全是被一種錯覺所困惑，認爲我們必須付出巨大犧牲的階段已經過去——我們已經打贏了這場戰爭，可以開始放鬆了。然而，目前我們的部隊距他們的最終目標柏林和東京卻路途遙遠，橫亙其間的是數不盡的艱難險阻。

由此，我們可以看出，上述觀點愚蠢到了危險的程度。

過度自信與沾沾自喜是我們最致命的敵人。去年春季——在史達林格勒戰役、突尼斯戰役以及在公海上對潛艇取得明顯勝利之後——過度自信表現突出，以致軍工生產有所下降。

在一九四三年六月和七月，本來可以而且應該生產出來的一千多架飛機卻沒有完成。沒有造出這些飛機的人並不是在罷工，他們只不過是在談論：「戰爭已經十拿九穩——咱們可以放鬆放鬆。」

政府、管理方和普通員工，任何一方有這樣的態度都會延緩戰爭的進程，都將會給我們的士兵造成更大的傷亡。

讓我們回憶一下一九一八年的教訓。那年夏天，戰爭正向有利於協約國①的方向發展。但當時美國政府和美國人民並沒有絲毫的鬆懈。實際上，我們的國家爲打贏這場戰爭作出了更大的努力。一九一八年八月，徵兵年限從二十一～三十一歲放寬至十八～四十五歲。總統號召「全力以赴」並得到了全民的相應。十一月份，即三個月後，德國投降了。

這才是打贏戰爭的眞諦——全力以赴，傾其所有；而不是只用半隻眼睛關注海外的戰事，另一隻半眼睛盯著一己私利或黨派的利益。

因此，爲傾舉國之力和資源打贏這場戰爭，也爲了維持國內經濟健康穩定地發展，我向國會提出如下建議：

（一）採用一套實際的、簡化的稅法，對個人及公司的不合理收入徵稅，以此降低由我們的子孫後代承擔的戰爭最終成本。國會目前考慮的稅法提案並未考慮上述的目的。

（二）有關戰時合同重新談判的法律要延續，此法律將防止產生高額利潤並確保對政府的價格公平。兩年裏，我一直懇請國會考慮控制發戰爭財的問題。

（三）頒佈食品成本法。它將會使政府能夠：(1) 設定農民對其產品預期價格的合理低價；

(2)設定消費者購買必需食品的最高價格。正如我以前所提過的，這只適用於生活必需品，而且需要動用公共基金來實施，其數額相當於目前年戰爭支出的百分之一。

（四）早日重新修訂一九四二年十月頒佈的價格穩定法。此項法規將於一九四四年六月三十日到期失效。如不能提前修訂並延續此法案，預計到夏季會出現價格混亂。靠憑空想像是不能穩定價格的，我們必須採取積極的行動來維護美元的堅挺。

（五）頒佈全民義務法案。戰爭期間，此法案將禁止罷工；依據此法案，將允許為了戰時生產或其他非常重要的事務在全國徵調每一位身體健康的成年人，特殊情況例外。

上述五項措施綜合起來，可以構建起一個公正、公平的社會。除非頒佈其他法律能夠降低生活費用支出，能夠保證平等納稅，能夠穩定物價，能夠防止謀取暴利，否則我建議實施全民義務法。

在給予公平補償的前提下，聯邦政府有權為了戰爭的目的徵用所有的資本和財產。

正如大家所瞭解的，三年來我一直為是否實施全民義務法案而猶豫不決。然而，今天，基於我們過去和目前的經驗，我確信頒佈實施這項法案是必要的。儘管我相信沒有這項法案盟國也能打贏戰場戰爭，但我更相信，沒有什麼能比人力物力資源的總動員更能確保戰爭的勝利，能夠減少傷亡損失、減少悲傷和流血犧牲。

我從陸軍部、海軍部和海運部委員會負責人那裏，收到了一份相關的法律建議。他們都是對武器裝備和現場作戰指揮負有責任的人。他們建議說：

當國家處於危難之時，所有的人都要承擔責任和義務。國難當頭，前方的將士與國內的民眾是沒有區分的。將士們在前線奮勇殺敵，保家衛國；後方的民眾抓緊生產軍需物資，這些物資對保證前方的勝利也是至關重要的。迅速頒佈一部全民義務法案會喚醒美國民眾：國家有難，匹夫有責。

我相信美國民眾都會認爲這些說法確有道理。

全民義務法案是進行戰爭最民主的方式。就如同選拔徵兵制度一樣，全民義務法案要求每一位公民都有責任和義務，在其所勝任的崗位上，盡自己最大的努力報效國家。

這並不意味著要降低工資；退休人員和老年人不會喪失自己的權利和利益；任何一位在兵工廠工作的人目前的工作都不會受到影響。我們必須確定這些事實。

其他參戰的民主國家——英國、加拿大、澳大利亞和紐西蘭，它們的經驗顯示：有全民義務制度存在，強制權力的廣泛使用就沒有必要。全民義務制度已被證明是一種促進團級的精神力量——它建築在參戰國家全體人民平等和全面的合法義務之上。

成千上萬的美國人還沒有參與到這場戰爭中來。這並不是因爲他們不想報效國家，而是因爲他們並不知道自己能爲國家做些什麼。全民義務法案將爲他們指明方向，它將使所有男女因爲對勝利作出了最充分的貢獻而心滿意足。

我知道，所有在兵工廠內爲戰爭做出貢獻的美國民眾，都會在若干年後對自己的後代們說：「是啊，我也爲這場偉大的戰爭出過力。我的工作在飛機製造廠，我幫助製造過數以百計的戰鬥機。政府告訴我說，在我的工作崗位上盡心盡職，我就是在做最有意義的工作來報效國家。」

有人會提出疑義，認爲最艱苦的戰爭階段已經過去，現在頒佈全民義務法案已沒有必要。但我們前方的將士們知道這種說法是錯誤的。

我們正行進在一條漫長艱苦的道路上，在所有的征途上，最後一段路是最艱難的。正是爲了這最後的努力，爲了徹底打敗我們的敵人，我們才必須調動我們所有的資源。比起一九四三年，戰爭規劃要求一九四四年徵調更多的人力。

我深信美國人民會接受這一贏得戰爭的舉措，此項舉措是基於「一個人公道，人人公道」（fair for one，fair for all）的永久公正原則。

這項措施將使我們前方的將士相信美國民眾正堅定不移地支持著他們；這項措施也會讓敵人喪失鬥志，士氣低落，相信美國人民同仇敵愾——一萬三千美國人民正在向羅馬、柏林和東京進軍。

我希望國會能意識到，雖然今年是大選之年，但全民義務法案確實是一個超越政治的問題、偉大的目的，需要全民總動員的偉大力量。

至於這項舉措的運作機構問題，國會應視具體情況做出決定，在其成員構成方面應該是完全不分黨派的。

我們的軍隊正在爲國家和人民英勇履行自己的職責。在我國參加了最大戰爭的這一關鍵的階段，國會面臨著採取上述事關國家安全措施的職責。

一些原因已經妨礙了維護我國軍人基本公民權——選舉權——的立法。不論怎樣玩弄法律辭藻，都不可能在一千萬美國公民面前掩蓋眞相。當年憲法的簽署者當初並未想過以任何藉口——即使是國家處於戰爭時期——剝奪那些正在爲捍衛憲法而戰的將士之選舉權。

我們的將士們深知，如果投票選舉的機制完全取決於美國現行各州的法律，他們當中的絕大多數人將會失去投票選舉的機會。他們也清楚，這些法律不大可能及時修訂使他們能夠參加下一屆投票的選舉。陸軍和海軍的報告說不可能高效地執行四十八種不同的士兵投票法。

國會有責任消除對美國軍人的這種不合理歧視，而且是越快越好。

我們現在的責任是開始制定計劃並確定戰略。不僅僅是要打贏這場戰爭，我們要著手制定計劃並確定戰略贏得持久的和平，確立高過以往任何時期的美國生活標準。不論這一普遍的生活水準有多高，如果我們人民的一小部分——不管是三分之一，吃不好、穿不好、住不好、不太平，我們都不能滿足。

我們的國家從建國一直發展壯大至今，一直都在宣導某些不可分割的政治權利，其中包括：言論自由、新聞自由、崇拜自由、陪審團審判制度、禁止不合理的搜查和拘禁。這些都是我們生存和自由的權利。

但是，事實證明，隨著我們國家人口日益增長和成就日益輝煌——隨著我們工業經濟的擴展——這些政治權利不足以保證我們在追求幸福方面的平等。

我們已逐漸清醒地認識到，沒有經濟上的安全和獨立，就不會有眞正的個人自由。「貧窮的人，不是自由的人。」（**Necessitous men are not freemen.**）獨裁讓人們忍饑挨餓，使人們失去工作，生活無以爲繼。

如今，這些經濟上的道理已不言而喻，被人們所接受。我們已經採納了可以說是第二個《權利法案》。這個「權利法案」爲所有的人重新奠定了安全和成功的基礎——不分社會地位，不分種族和信仰。

這些權利包括：在所有的行業中得到有益的、有報酬的工作權利。無論是店鋪、農場抑或是礦山；賺取豐厚的收入購買食品、服裝及休閒娛樂的權利；農民飼養並銷售自家產品以獲得收入，以保證自己和家人過上美好生活的權利；每位商人都有權自由從事國內外貿易的權利。沒有不公平競爭，也沒有壟斷操縱；家家戶戶擁有像樣住房的權利；享有充分的醫療保障，擁有健康身體的權利；老年人、身患疾病的人、遭遇事故和失業的人得到充分的保障，無經濟方面後顧之憂的權利。最後，享受優等教育的權利。

所有的這些權利，都意味著安全。打贏戰場戰爭之後，我們必須進一步貫徹實施這些權利，實現人人幸福安康的新目標。

美國能否在世界上取得應有的地位，將在很大程度上取決於如何貫徹實施上述以及類似的權利。

除非美國的民眾有安全感，否則就不會有持久的和平。當代美國最偉大的實業家——一位在這場危機中做出巨大貢獻的人——最近強調，美國正面臨著「右傾反動」②的危險。任何一位頭腦清醒的人都會有這樣的擔憂。

的確，如果任由這種反彈發展下去，讓歷史倒退，我們重新回歸到二〇世紀二〇年代所謂的「正常狀態」，那麼可以確定，即使我們在國外戰場上征服了敵人，我們在國內也將屈服於納粹的陰魂。

我請求國會探索實施這一經濟權利法案的途徑，因爲人人皆知這確確實實是國會的責任。很多有關這類問題的提案已經遞交給國會相關的委員會。針對這些問題以及進一步的建議，我將經常與國會溝通。萬一這項提案沒有實質的進展，我肯定所有的美國民眾都將會得知這一事實。

在國外浴血奮戰的美軍將士——還有在大後方他們的家人——都期待這樣一項法案，他們有權堅持這樣的要求。

政府應該認真考慮他們的要求，而不是去遷就那些給政府施壓的利益集團——他們牢騷滿腹，只圖謀求私利，卻置前線流血犧牲的年輕將士於不顧。

我們一貫遵循的外交政策——在莫斯科、開羅和德黑蘭所遵循的方針——基於普通常識的原則，這項原則曾由班傑明．富蘭克林在一七七六年七月四日作過經典表述：「我們都必須依偎在一起，否則我們肯定會被一個個分別吊死。」

我經常提到，對美國來說，這場戰爭中不存在兩條站線，而是只有一條。這條統一的戰線一直從後方民眾延伸至前方衝鋒陷陣的美軍官兵。

當我們說起萬眾一心、全力以赴，不僅包括前方的戰場，還包括工廠、農田和礦山；包括士兵和平民百姓、市民以及政府。

在國難當頭的時刻，上帝賦予我們每一個人神聖的職責報效自己的國家，讓我們的國家在一個更加美好的世界中屹立於強國之林。

注釋：

①協約國是第一次世界大戰期間俄、法、英以及美、日組成的共同對德、奧作戰的軍事聯盟，戰後瓦解。

②「右傾反動」（rightist reaction）指以政客聯盟、利益集團和托拉斯為代表的極端主義，

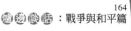

反對「新政」的言行，他們主張回到二〇年代的自由經濟階段，並稱那時是「正常狀態」。

12 談攻克羅馬

——一九四四年六月五日，星期一

這是羅斯福在諾曼地登陸前夜的一篇談話，篇中他激動地宣佈盟軍部隊攻克羅馬的振奮人心消息，以及盟軍在義大利的進展。隨後提醒國人在興奮之餘保持頭腦清醒，告誡國人戰爭還在繼續，同盟國軍隊和軸心國軍隊還會有更慘烈的戰爭。他還充滿敬意的概括了羅馬城的歷史地位，以解放這樣的「永恆之城」來激勵鬥志，宣示正義戰爭的道德力量。

朋友們：

昨天，也就是一九四四年六月四日，美國和盟軍部隊攻克了羅馬。這是第一個落入我們手中的軸心國首都，一個被攻克了，另外兩個也指日可待。

第一個被攻克的首都歷史最悠久，這具有重大的意義。羅馬的歷史，可以追溯至文明的起源階段，至今我們還能看到當時羅馬和羅馬人統治整個世界的三個遺跡。這同樣具有非凡的意義，因爲盟軍已下定決心，未來任何一座城市，任何一個民族，都不能統治整個世界。

除了那些古跡，我們在羅馬還見到一些基督教的標誌性建築。這種基督教標誌性的建築幾乎遍及世界的每一個角落。很多地方都有有關宗教的廟宇和教堂，但是羅馬的教堂和廟宇，最明顯

地傳達了早期先賢聖人和殉道者的信念和決心：基督教將永世長存，傳遍四海。今晚，由盟軍來保障主教和梵蒂岡城①的自由，我們深感欣慰。

同樣具有非凡意義的是，盟軍部隊已解放了羅馬。美軍和英軍擔任了主攻任務，北美其他盟國部隊以及英勇的加拿大部隊與他們並肩戰鬥。來自南太平洋驍勇善戰的紐西蘭人、勇敢的法國人和法屬摩洛哥人、南非人、波蘭人和東印度群島人，所有的人與我們一道，浴血殺敵，直搗羅馬城。

義大利人民從未心甘情願地加入軸心國。此刻，他們調轉槍口，在自己的國土上與我們並肩打擊德國侵略者。

羅馬即將解放，對希特勒和他的將軍們來說無異於雪上加霜。在行將崩潰的東部和西部戰場，德國將以巨大的物質損失和人員傷亡爲代價做最後一搏。德國人曾毀掉了那不勒斯和其他一些義大利城市。羅馬如能倖免於戰火，那絕不是納粹的初衷。盟軍將領運籌帷幄，納粹若想堅持抵抗，毀掉羅馬只是冒著全軍覆沒的危險。

但是，羅馬絕不僅僅是一個軍事目標。

從凱撒大帝時代起至今，羅馬就一直是權力的象徵。羅馬曾是共和國，也曾是帝國。從某種意義上講，羅馬曾是天主教堂，是統一之後義大利的首都②。不幸的是在這之後，即二十五年前，羅馬成爲法西斯主義滋生氾濫的溫床，成爲軸心國三個老巢之一。

二十五年裏，義大利人民倍遭奴役，在墨索里尼的統治下受盡恥辱。義大利人民一定會爲義大利的解放歡呼雀躍。在義大利北部地方，當地人民仍在遭受納粹以及納粹傀儡的統治和威脅。

我們的勝利恰逢這樣一個美妙的時刻：盟軍正準備在西歐開闢第二戰場，而納粹的部隊只能戰戰兢兢地防備我們的進攻。與此同時，英勇的蘇聯紅軍正日漸壯大，愈戰愈勇。

從嚴格的軍事意義上講，我們早已實現了義大利戰役的某些主要目標：控制主要的島嶼；控制地中海上的航線以縮短我們的運輸線；佔領羅馬南部福賈③的所有飛機場，並以這些機場爲基地，對歐洲大陸實施攻擊——覆蓋整個歐洲大陸一直到蘇聯前線。

我們頭腦裏那種肆意誇大攻克羅馬的軍事意義的想法，是很不明智的，我們必將經過長時間的努力和更加殘酷的戰鬥，才能攻入德國本土。從開羅、利比亞、突尼斯和義大利南部，德軍一潰千里。他們遭受了巨大的損失，但並未傷及元氣，仍有可能做最後的抵抗。

德國尚未繳械投降，還未到山窮水盡的地步，還有可能在稍作喘息之後死灰復燃，重新挑起爭霸全球的戰爭。

因此，勝利離我們還很遙遠。勝利的一天也終究會到來，這一點不用擔心。但正如我無數次所談到的，取得最終的勝利將十分艱難，並將付出巨大的代價。

義大利人民長期生活在墨索里尼的腐敗統治之下。上層的生活腐化奢侈，其國民經濟狀況卻每下愈況。盟軍部隊發現當地人民忍饑挨餓、營養不良、遭受疾病的折磨、教育狀況每下愈況、

公共健康水準降低，所有這一切都是納粹暴政造成的結果。

盟軍在佔領地區的任務一直十分艱鉅。我們不得不從最根本處著手，協助當地政府進行民主改革。德國人掠走了他們的糧食，我們必須爲他們提供食品。我們得幫助他們耕種田地，以使他們能夠自給自足。我們得幫助他們恢復本國的教育，從法西斯的影響下擺脫出來。

我認爲全體美國人都會贊同對義大利人民的救援，讓他們在自由的環境裏開始新的生活。某些人可能會由此想到財政支出方面的問題。

實質上這可是一種救濟。而與此同時，我們希望這種救濟將是對未來的一筆投資。這筆投資的紅利便是剷除法西斯主義，消除義大利再次發動侵略戰爭的任何欲望。這些紅利表明這筆投資是划算的，因爲有利於世界的和平。

義大利人民有能力組建自治政府，他們熱愛自己的祖國，他們的種種美德一定會重新展現在我們的面前。

我們不會忘記，若干世紀以前，義大利人是藝術和科學的先驅，他們使全人類的生活更加豐富多彩。

我們不會忘記，義大利人民的優秀代表伽利略和馬可尼、米開朗基羅和但丁④；我們更不會忘卻那位英勇無畏的義大利探險者——克里斯多夫．哥倫布。

義大利試圖通過建立一個軍事帝國來提高自己的地位，這絕對行不通。義大利國內已人滿爲患，但他們大可不必試圖去征服他國以謀求生存之路，沒有任何一個民族是可以隨意征服的。

過去，上百萬的義大利人湧入美國，他們受到了歡迎，並在美國成功發跡，成爲了優秀公民和政府的領導者。他們不是義大利的美國人，他們是有義大利血統的美國人。

成千上萬的義大利人已遷往其他美洲國家：巴西和阿根廷。他們已經遷往世界上的許多其他國家，帶去了產業和人才，在異國他鄉取得了成功，過上舒服的日子並成爲優秀公民。

作爲一個偉大的國家，義大利應該繼續爲全人類的文化與進步、爲人類的美好願望做出自己的貢獻；發展其在藝術、手工業和科學方面的特殊才華；保護歷史和文化遺產，爲了自己也爲了全人類。

我們需要並期待義大利爲人類的長期和平做出自己的貢獻，所有反對法西斯主義和納粹主義的國家都應伸出手來援助義大利，給義大利一次機會。

德國統治羅馬已多年，幾近將這座「永恆之城」⑤的居民置於饑餓的邊緣。美國和英國將竭盡全力予以他們救援，預計在攻陷羅馬之時，我們將向這座城市提供食品。但是我們也應清楚的認識到這座城市對食品的需求量是巨大的。部隊的運輸任務將十分繁重，供給的改善必須是逐步的，不能一蹴而就，但是我們拯救羅馬市民的行動已啓動。

我認爲，這一切正說明了我們戰爭機制運行的高效率。生產糧食，造出商船，製造並集中軍需物資，跨越重洋提供補給，未雨綢繆應對突發事件——所有的這一切，都說明了我們美國人民的效率和活力——包括我們武裝力量的每個部分，與部隊協同作戰的每個機構，還有美國的所有行業及其員工。

進行這樣大規模的戰爭是不可能做到完美無瑕的。平均來看，我們所取得的戰績已是相當輝煌了。

因而，我代表美國人民向指揮整個義大利戰役的亞歷山大將軍、向指揮美軍第五軍和第八軍的克拉克將軍和里斯將軍⑥，向地中海戰區盟軍最高司令威爾遜將軍及他的副官德弗斯將軍⑦，向伊克將軍⑧，向坎安寧和休伊特海軍上將⑨，向所有的將士們表示祝賀和感謝。

上帝會祝福他們，保佑他們，保佑所有浴血奮戰的勇士們。

注釋：

①梵蒂岡城坐落在羅馬城的西北角，是天主教教廷所在地。羅馬教皇（Pope）是教廷和城國的領導者，亦有「羅馬城主教」等稱謂。

②這裏概括了羅馬的歷史。羅馬在西元前五一〇年王政時代結束後建立羅馬共和國，西元前一世紀後半葉共和國為羅馬帝國取代，一直持續到四七六年西羅馬帝國滅亡（東羅馬帝國存至一四五三年）。一八七〇年義大利統一後，羅馬成為首都。由於七五六～一八七〇年曾是教皇國首都，此後又是梵蒂岡城國所在地，故羅馬又有「天主教中心」之稱，文中提到的「天主教的教

堂」指的就是這個意思。

③福賈（Foggia），義大利南部的一座城市，位於普利西平原中心。

④這裏列舉的四位都是義大利的歷史名人。伽利略（一五六四～一六四二）是物理學和天文學家，是近代實驗科學的奠基者。馬可尼（一八七四～一九三七）是工程師，無線電的發明者。米開朗基羅（一四七五～一五六四）是文藝復興時期的雕塑家、畫家等。但丁（一二六五～一三二一）是詩人，著有《神曲》等作品。

⑤羅馬城歷史悠久（始建於西元前七五三年），長期以來居於歐洲政治、文化中心的地位，故有「永恆之城」（Eternal City）的譽稱。

⑥克拉克（M. W. Clark，一八九六～一九八四），美國四星將，曾任第五集團軍司令等職，參與指揮了北非登陸、西西里登陸和進攻義大利戰役。里斯為美國第八集團軍司令。

⑦威爾遜（Henry Maitland Wilson，一八八一～一九六四），英國將軍，一九四四年一～十一月間擔任地中海盟軍最高司令官，戰後晉升為陸軍元帥。德弗斯（Jacob Loucks Devers，一八八七～一九七九），美國陸軍上將，擅長指揮坦克部隊作戰，參與了歐洲戰場的作戰。

⑧伊克（Ira Clarence Eaker，一八九六～一九八七），美國空軍中將，曾參與北非、歐洲戰場的空軍作戰。

⑨休伊特（Henry Kent Hewitt，一八八七～一九七二），美國海軍上將，曾參與北非、歐洲

戰場的海軍作戰。

13 發起第五次戰爭籌款運動

——一九四四年六月十二日，星期一

此次談話主題是第五次認購戰時公債運動。在盟軍諾曼地登陸不到一周，羅斯福總統通過廣播號召全體美國人民再盡一份責任，全力認購戰時公債，全力支持盟軍的反攻軍事行動。他分析了全面有利於同盟國的戰爭形勢，強調了軍事物資在取得勝利方面的重要作用。談話中羅斯福把購買戰時公債置於良心的天平，指出納稅「說到底是美國公民應盡的義務」，而認購戰時公債「卻是每一位公民在自己良心指引下作出的自由選擇」；「不論我們每一個人能做什麼，購買戰士公債是所有人為贏得這場戰爭能夠做到、也應該做到的」。

今天，在遍佈全球各地戰場上，所有海外作戰的美軍都駐紮在指定的駐地，在美國本土也一樣。

我們需要這些勇士們，我們爲他們感到驕傲和自豪。但是，在未來一段令人憂慮的時間裏，我們不要忘記勇士們也需要我們。

毋庸置疑，我們必須繼續製造出大量、成千上萬種大大小小的武器，這些武器對打贏這場戰爭是至關重要的。從戰爭一開始這就是我們的主要任務，現在也仍然是。從事軍需物資生產的工人想離開兵工廠從事民用商品的生產，現在還不是時候。

不用說，我們還必須繼續向政府提供戰爭所須的資金，不僅僅是通過納稅——說到底，那是美國公民應盡的義務，還要認購戰時公債——這是一種自由的選擇，每一位公民在自己的良知指引下作出的自由選擇。

不論我們每一個人可能做些什麼，購買戰時公債和郵票，是所有人能贏得這場戰爭能夠做到和應該做到的。

今晚，我很高興地談談這似乎是每個人正在做的事情。儘管有某種形式收入的美國民眾現在大約是六千七百萬人，卻有八千七百萬人已經認購了戰時公債。他們已經購買了六億的個人債券，所購買債券的總額已超過三百二十億美元，這些都是個人認購的債券。幾年前，任何人認爲上述的事情會發生會被看作是異想天開，但是這樣的異想天開卻在美國人身上變成了現實。

當然，我們當中總會有一些悲觀主義者。

我想起這樣一件事，一九四〇年法國淪陷之後，我向國會提出申請追加經費每年生產五萬架飛機，人人都說我瘋了，說這個數目完全是不切實際、異想天開、是辦不到的。然而，今天我們正年產十萬架飛機。

你們認購的戰時公債與正在跨越英吉利海峽的千軍萬馬，以及源源不斷的軍需供應有著直接的聯繫。你們認購的戰時公債，與今天世界每一個角落的戰爭都密不可分。

因此，今晚，在第五次戰爭籌款運動啓動之際，我們應該籠統的審視一下這次世界大戰的全貌，因爲本次籌款運動的成與敗，將在很大程度上影響到我們取得這場戰爭的勝利、實現和平的進程。

儘管我知道，今晚人們關注的焦點是英吉利海峽和諾曼第海濱、農場和城市①，我們卻不應當忽視這樣的事實：我們的部隊正在遍佈全球的戰場多線作戰，每一個戰場都不是孤立的，都與其他戰場有著密不可分的聯繫。

因此，很有必要與過去做一下總體的比較，讓我們拿今天與兩年前即一九四二年六月進行比較。當時，德國實際上已控制了整個歐洲，並逐步推進，使蘇軍退至烏拉爾山脈地區。德國已控制了北非和地中海地區，正打算敲開進出蘇伊士運河和通往印度的門戶。義大利是一支重要的軍事力量，是納粹的幫兇，之後的戰役也證明了這一點。

日本控制了阿留申群島西部，威脅到澳大利亞和紐西蘭的門戶，同時也威脅著印度。日本已佔領並控制了中太平洋的絕大多數地區。

美軍無論在陸上、海上還是空中，都處於全面防禦狀態，在逐漸積蓄力量，盟軍正承受敵人不斷的攻擊，節節敗退。

一九四二年，美國政府鬆了一口氣。首次發行的戰時公債被美國人民認購一空。回顧兩年前的那些日子，我們經常聽到來自「業餘戰略家」和政治評論家的鼓噪之詞，其中一些言論更有益於希特勒而不是美國。這是兩年前的事。

但是今天，我們在全世界對敵人展開了反攻。

在太平洋，通過潛艇和水面艦艇的打擊、兩棲登陸作戰和不斷增強的空中優勢，我們已在與日軍的較量中占了上風，實力在不斷增強，裝備也越來越先進。我們已將日本的海上運輸力量削減至三百萬噸；我們已重新佔有了制空權；我們已切斷了成千上萬日軍退守日本本土之路。日軍要麼餓死，要麼最終投降；我們已削弱了日本的海軍力量。數月以來，日本海軍一直在避免與我們的海軍正面交鋒。

的確，打到東京還有很長的路要走。但是，執行我們最初制定的戰略計畫，即先殲滅歐洲戰場上的敵人，然後全力以赴轉向太平洋戰場，我們就能比預期更快的迫使日本無條件投降。若拒不投降，他們將遭受毀滅性的打擊。

現在回過頭來看看我們首先要消滅的敵人：德國已窮途末路，實際上德國已被三面包圍！

在南線，我們已經突破了德國在義大利中部的防線。五月四日，羅馬被盟軍攻克。爲不給敵人以喘息之機，當德軍倉皇北撤之時，盟軍正對其一路窮追猛打。

在東線，英勇的蘇聯紅軍已將德軍趕出三年前被其佔領的領土，偉大的蘇聯紅軍正在發起毀滅性的打擊。

在空中，大批盟軍轟炸機和戰鬥機正在德國和西歐上空對敵人發起攻擊。他們有兩個主要目標：摧毀德國賴以支撐其武裝力量的軍事工業，徹底消滅德國空軍。結果，德國的工業生產被持續削弱，德國的軍事實力已大不如以前。

無論是戰略上還是戰術上，這種規模空前的空中打擊都將繼續，打擊力度也將不斷增強。

在西線，不到一周前，也就是上週二早上，盟軍在法國海岸強行登陸。此次登陸作戰，經過了數月精心的策劃和艱苦的努力。

集結在蘇格蘭無數的武器裝備和軍需物資，及成千上萬的盟軍將士，將投入到歐洲戰場這場規模空前的戰役中。

在敵人看來，我們所做的一切是不可能做到的，我們已突破了法國北部他們自詡爲固若金湯的防線。

但此次戰鬥我們也傷亡慘重，損失巨大。我們的某些登陸作戰本身就是冒險一搏。但從目前的戰報來看，損失比盟軍指揮官事先估計要小得多。我們已經站穩了腳跟，正充滿信心準備痛擊德軍的反撲，所有的人都期盼我們能儘快擁有更多的立足點。

美國人正萬眾一心，使這一天早日到來。

動用了成千上萬的飛機和艦隻、坦克和重炮，盟軍正跨越英吉利海峽、登上灘頭陣地、穿過法國的田野和深林。在這場危險艱鉅的戰役中，盟軍使用了大量的軍需物資②。盟軍現在是兵精糧足，這種情況一定要保持下去。

自一九四〇年法國淪陷之時起，美國在擴充軍備，調集軍隊，爲戰爭生產武器彈藥及提供後勤補給方面所做的一切，簡直就是奇蹟。

這在很大程度上歸因於美國人民的團結協作：資本、勞動力和農業的協作，軍方與民用企業的協作——實際上是所有的人，所有行業間的協作。

每一個人——男人、婦女或孩子——每一位認購了戰時公債的美國人，都起了重要的作用！在美國，仍然還有許多人沒有認購戰時公債，或者說沒有傾盡全力認購戰時公債。每個人心裏都清楚自己是屬於哪一類，某些情況下他的鄰居也會知道，爲喚起這些人的良知，作爲美國總統，我有必要發出呼籲。

這次戰爭中我們所使用的一切，以及提供給盟國的一切都要花錢——花很多的錢。對每一個男人、婦女還有孩子來說，告慰那些已經獻出生命、或正在流血犧牲之勇士們的最佳方式，就是拿出你手中那些贏得最後勝利所需要的錢。

我呼籲所有的美國人都踴躍認購戰時公債，讓我們眾志成城，從勝利走向更大的勝利！

注釋：

①這次談話是在諾曼地登陸戰役開打（一九四四年六月六日）一周後進行的，至談話當天，盟軍十二個登陸場已連成一片，但戰事仍在激烈進行，故有此說。

②在整個諾曼地登陸戰役中，六月六日～七月五日一個月間，盟軍登陸人員達一百萬，車輛

約十七點二萬輛，其他物資達五十六點七萬噸。

其他重要演講

Other Speeches

1 我保證爲美國人民實施新政

——一九三二年七月二日

一九三二年六月，民主黨在芝加哥舉行全國大會。經過四輪投票，羅斯福勝出，成為民主黨總統候選人。按慣例，被提名人要裝作不知而等幾個星期後接受正式通知。為表示變革決心，遠在紐約的羅斯福打破慣例，搭乘飛機到芝加哥主動接受提名，發表了此篇演説。

諸位經受了六天折騰仍願意留下①，我對此深表感謝。

我深知，諸位和我都曾夜不能寐，我來遲了，我很懊悔，但我無法呼風喚雨，我只能慶幸自己曾在海軍受過訓練②。

一個競爭總統提名的人在黨的全國大會上露面，並被正式告知他已獲得提名，這一舉動不但史無前例，而且異乎尋常。但目前正是史無前例和異乎尋常的時刻。因此，我以打破陋習來投身我所面臨的任務。這個陋習就是，候選人應當假裝對事態進展一無所知，直到過了很多個星期，接到正式通知爲止。

朋友們，但願此舉表達了我的一個心願：我要以誠待人，絕不虛情假意，絕不愚蠢地對這次競選運動的眞相閉目塞聽。我知道諸位已提名我爲總統候選人，我來到這裏，就是爲了感謝大家

給了我這份殊榮。

但願這也象徵著打破了傳統。但願從今以後，打破傳統能成爲本黨的任務。我們要打破愚蠢的傳統，而讓共和黨領導人去打破自己的諾言，他們在這方面有著高超的技藝。

讓我們在此時此地下定決心，要恢復我國中斷的征程，使我國重新沿著眞正的進步、公正、平等之路，沿著對所有公民不論其偉大或渺小都一律平等之路前進。在這次中斷的征程上，一位不屈不撓的領袖已經離開人世，但今天他的精神仍然活著③。感謝上帝！他的許多助手仍然同我們在一起，仍然在給我們提出明確的建議。讓我們相信，無論我們做什麼，伍德羅·威爾遜總司令不屈不撓、一往無前、不斷革新的偉大精神仍然同在。

在這次競選活動中，我有很多問題要儘早澄清自己的立場。對於那份備受讚賞的文獻④，即大家已通過的、觀點鮮明的政綱，我百分之百予以贊同。

我可以向大家保證，在這次競選中，我對任何重大問題都將毫不含糊地闡述自己的立場。

在投入新的戰鬥之際，讓我們大家永遠牢記黨的理想：無論從傳統來說，還是從歷史發展的邏輯來說，民主黨在過去和現在都既是自由主義和進步的旗手，同時又是維護我國制度安全的保證。

如果我黨失去了這種號召力，朋友們請記住，由於共和黨領導人的失敗而引起的怨恨，就會變成喪失理智的激進主義。

與前幾次經濟蕭條不同，本次蕭條中有一個重要的社會現象，那就是以往司空見慣的騷亂情況這次並不多見。

野蠻的激進主義只贏得了少數信徒。在當前物資奇缺的日子裏，我國千百萬人民儘管備受折磨，卻始終秩序井然、滿懷希望。我向同胞們表示最崇高的敬意，我們如果不能爲他們提供新的轉機，那不僅是辜負他們的希望，而且是誤解他們的耐心。

對激進主義的危險作出反應會導致災難，作出反應並不能阻止激進主義。這樣做是一種挑戰、一種挑釁。避免激進主義的危險只有一條路，即提出一種可行的重組方案，並且應由誠實的政黨提出這個方案。

只有這樣，才能正確地避免作出盲目反應，又不至於墮入想入非非、漫不經心、不負責任的樂觀主義。

對於政府在影響經濟和社會生活方面的職責，存在著兩種觀點，其中一種觀點認爲應幫助有天賦的少數人，並希望他們的成就會在某種程度上傳遞給勞工、農民和小業主。這種理論屬於托利黨人，而我希望，大多數托利分子早已在一七七六年就離開我國了⑤。

但這不是、永遠也不是民主黨的理論。現在不是恐懼的時候，不是對抗的時候，不是怯懦的時候。此時此地，我邀請所有名義上的共和黨人同我攜起手來，因爲他們從良心上對其黨內領袖的折騰和失敗感到不安；同樣的，我也對徒有虛名的民主黨人提出警告，因爲他們對未來半信半疑，墨守陳規，對新時代賦予的責任渾然不覺，他們的步調已不能與本黨保持一致。

是的，美國人民今年要的是眞正的選擇，而不是在兩個名稱之間的選擇。我們的黨必須具有自由主義思想，必須採取有計劃的行動，必須用開明的國際觀點，爲我國絕大多數公民謀取最大利益。

當然，蕭條狀況極其嚴重，這在現代史上聞所未聞。因此，這次競選活動的關鍵應該是對這一明確的事實做出解答，這是時代的決定。

僅僅說全世界都發生了蕭條是無濟於事的——共和黨領導人在解釋自己屢屢違背諾言、長期毫無行動時正是這樣說的。但他們對一九二八年的經濟繁榮卻另有一番解釋。人民不會忘記，他們當時聲稱，繁榮是由共和黨人控制的國會所帶來的國內產物。加入他們若能聲稱自己是繁榮的開拓者，就不能否認他們也是蕭條的始作俑者。

今天，我無法闡述所有問題，而只談幾個重要問題。讓我們稍微看一看最近的歷史和一種簡單的經濟學——諸位和我以及普通人所談論的經濟學。

我們知道，在一九二九年以前的若干年，我國經歷了一個建設和通貨膨脹的週期。整整十年，我們根據彌補戰爭損耗的理論發展生產，而實際上遠遠超出了這一限度，並超出了自然增長和正常增長的限度。

現在，值得回憶的是——冷酷的金融數字正說明了這一點——在那段時期，儘管數字表明生產成本已大幅下降，但消費者必須支付的價格卻只微微下降，或沒有下降。公司獲得了豐厚的利潤，卻很少用於降低價格——消費者被遺忘了；很少用於增加工資——工人被遺忘了；根本談不上把充足的部分用於支付紅利——持股人被遺忘了。

順便說一句，在那些年，政府極少通過徵稅把上訴利潤用於慈善事業。

結果如何呢？公司獲得了巨額盈餘——史無前例的巨額盈餘。那麼，在瘋狂投機的氣氛烘托下，這些盈餘到哪裏去了呢？讓我們用數字所證實的和我們所能懂的經濟學來談一談。瞧，這些盈餘主要有兩大流向：其一，流向現在已徒有軀殼的那些不必要的新工廠；其二，直接透過公司，或間接透過銀行，流向華爾街的活期借貸市場。這些都是事實，爲什麼要視而不見？

接著便發生了崩潰。諸位都知道崩潰的過程，對不必要的工廠所進行的投資變得不值分文。人們失去了工作，購買了枯竭了，銀行害怕而開始索債，有錢人怕失去金錢，信貸業務萎縮了，工業停頓了，商業衰退了，失業率直線上升。

於是，輪到我們站出來了。

用簡單易曉的言辭，來看看過去三年發生的事情，讓不同團體的人群終於明白了什麼：一是依靠工業謀生的群體；二是依靠農業謀生的群體；第三個群體由上述兩個群體的大部分成員組成，就是所謂的「小投資人和小儲戶」。

事實上，農業和工業這兩個群體之間最爲強固的合理紐帶，是在第三個群體中聯繫起來的兩者的存款，以及最大程度上的安全保障。這就是國家的信用結構。

在歷史上，全體人民的利益從未像今天這樣，在同一個經濟問題上如此緊密地聯繫起來。比如，諸位可以想像，我國千百萬公民擁有大批財產，這些財產都以證券和抵押形式體現於信貸：各級政府包括聯邦政府、州政府、市政府和縣政府所發行的各種證券；工業公司和公用事業公司的證券；農場和城市的房地產抵押；最後，還有國家對鐵路的巨額投資。我們應如何看待上訴各個團體的安全問題呢？我們深知，在我們複雜而互爲關聯的信貸結構中，任何一個信貸團體的垮臺，都會導致整個結構的垮臺。一個團體的危險，就是全體的危險。

我要問，華盛頓當局是如何看待上訴信貸團體之間的相互關係呢？答案非常清楚，它根本沒有認識到存在著那種相互關係。我國人民要問，華盛頓當局爲什麼不理解，應該把所有這些團體——每一個團體，無論它處於金字塔頂層還是底層，都合併起來整體考慮？每一個團體都與其他團體休戚相關；每一個團體都會對整個金融結構產生影響。

朋友們，無論從治國的才能還是從治國的目標而言，都要求我們同時救濟所有的人。

讓我簡單地談談稅收問題——有我們大家掏腰包供各級政府開支的稅收問題。

我對稅收略知一二。三年來，我在美國東奔西跑進行宣傳，說政府的開支——無論聯邦政府、州政府還是地方政府的開支——都太大了。我不會停止宣傳。

作爲一項緊急行動計畫，我們必須廢除不起作用的官職，我們必須取消不必要的政府職能，取消那些對維持政府的連續施政無足輕重的職能。我們必須合併政府的下屬部門，並且像每個公民那樣，放棄再也無力承擔的奢侈。

我們要在華盛頓做出榜樣，以便爲地方政府指明節儉之路。讓我們牢記：在各州向聯邦繳納的每一美元稅收中，有四十美分納入了華盛頓特區的財政開支，只有十或十二美分匯入州的資本，而其餘四十八美分則被地方政府，即城市、鎮和縣政府花費掉了。

朋友們，我要向你們並透過你們來提出建議，各級政府不分大小都不可借債度日，美國總統及其內閣必須樹立榜樣。

說到明確地樹立榜樣，我要祝賀大會勇敢地、大無畏地把絕大多數與會者對第十八條修正案⑥的眞實想法寫入了原則宣言。本次大會要求取消該條修正案、你們的候選人要求取消該條修正案、我堅信，美國共和國也要求取消該條修正案。

兩年前，我據以再次競選州長的綱領實際上包含了同樣的規定。

我知道，正如當年投票情況所顯示的，我州人民排山倒海般的情感感染了許多其他州的人民。我現在要對大家說的是，憲法第十八條修正案註定要流產。一旦發生這種事情，我們作爲民主黨人，必須而且必將從道義和精神上，允許美國在進口酒類違反所在州法律的各州禁止進口酒類以保護自己，我們一定要從道義和精神傻瓜阻止沙龍的死灰復燃。

讓我們回到金融危機這個乾巴巴的話題，因爲這個問題與別的問題完全交織在一起——第十八條修正案也同金融問題有些聯繫。在一項旨在重建這一龐大信貸集團包括聯邦政府信用的綜合規則中，我在已通過的綱領裏強調了糟糕透頂的原則聲明（prize statement of principle），呼籲在處理國內外安全問題時，增加對投資公眾的透明度。

朋友們，你我都是普通公民，我們都知道，這有助於使我們國家的存款不會因爲騙子們的欺詐行爲、不會因爲某些身居金融高位卻不知道羞恥的人遭受損失。開誠佈公是欺詐行爲的剋星。

現在談一談失業問題，順便提一提農業問題。

我贊成實施某種公共工程，作爲刺激就業的另一項應急措施，也作爲支付此種工程費用的擔保；但我也已經指出，如果我們並非爲了必要目的而建設，那麼任何經濟手段也無濟於事。當然，如果透過發行證券來籌集資金，這種工程就應盡可能做到自給自足。爲了盡可能擴大受益面，我們必須採取堅決的步驟來壓縮所需的工作日。

讓我們運用常識和企業意識吧。

僅舉一個例子⑦，我們知道，透過植樹造林，把成千上萬公頃荒地改造成林地，這個宏偉計畫，無論對於解決失業問題還是農業問題，都是一個大有希望的應急救濟措施。僅在密西西比河以東，在那些雜草叢生的廢棄農場和採伐的林地，就有上千萬公頃土地。歐洲各國都有明確的土地政策，而且這些政策已持續了幾代人之久，美國卻沒有。正因爲如此，我們才面對著土壤侵蝕和森林遭災害的景象。顯而易見，經濟上的遠見卓識和眼前的就業問題，都要求我們在這一大片土地上植樹造林。

這樣做就能解決一百萬人的就業問題。這種公共工程是自給自足的，能透過發行證券來籌集資金，因爲大批農作物的成長，爲投資者提供了足夠的安全感。

不錯，我有一個非常明確的、用這種方法提供就業機會的效用。我用過這個方法，今天我正在紐約州使用這個方法。我知道，民主黨能在全國卓有成效地採用這個方法。它將使人們重新行動起來，它也是我們將來採取行動的一個範例。

作爲救濟農業的另一項措施，我們完全知道——可我們是否已如此明確地說過——應該立即廢除那些爲減少農產品剩餘、而迫使聯邦政府進入農產品購銷和投機市場的法律條文。堅持這些條文的人，正是那些要求政府不干預企業的人。

切實可行地幫助農民的辦法是，一方面要減輕壓在他們肩上、使他們窮困潦倒的負擔；另一方面採取措施減少市場上的剩餘農產品。

我們的目標是根據世界農作物價格，採取合理的關稅保護措施，使農業也得到工業那樣的保護。

我能肯定，我國農民可以由此立即獲得收益，而作爲一種交換條件，他們最終也會同意妥善地安排生產，以減少農產品剩餘，而且今後不必依賴向國外傾銷來維持國內價格。別的國家已取得那樣的成果，美國爲什麼不能呢？

總的來說，農場領導人和農業經濟學家都已經認同，根據這個原則制定的計畫是可取的，是復興農業的第一步。

它本身並不是一個完整的計畫，但從長遠來看，它將有助於驅除農產品剩餘的陰影，避免世界性傾銷的持久威脅。農民自願地減少農產品剩餘是我們的目標之一。但是，長期存在的農產品剩餘和目前的壓力，使我們有必要採取措施來醫治目前的創傷。

這樣一個計畫，我的朋友們，不需要政府花錢，也不會使政府干預企業或從事投機。

至於這個法案⑧的具體措詞，我相信民主黨已做好準備，按照負責的農場團體所同意的任何意見辦理。這是一個十分有效的原則，我再次要求大家行動起來。

關於農民我還要說幾句。

我知道，這個大廳裏每一位住在城裏的代表都明白我爲什麼要強調農民。因爲我國有一半人口，即有五千多萬人依靠農業；而且，我的朋友們，如果這五千萬人沒有錢——沒有現金買城裏生產的東西，城市也要蒙受同樣或更大的痛苦。

因此，我們今年打算使選民們了解，這個國家不僅是獨立的國家，而且，如果我們要存在下去，就一定要成爲相互依存的國家——鄉鎮和城市、北方和南方、東部和西部。這就是我們的目標，這個目標將會被我國人民所理解，無論他們居住在哪裏。

是的，我國那一半依靠農業的人口，其購買力已經蕩然無存。農場抵押今天已接近一百億美元，每年應付的利息多達五千六百萬美元。但事情還沒有完，地方政府的奢侈和無效率，引起了額外的稅收重負，我們最迫切的任務，應該是減輕由抵押而產生的利息負重。

我們必須依據有效的限制措施，對農場抵押進行重新折算，而且應該在將來依照利率下降的情況加以限定。在這場危機中，對抵押財產進行重新折算前，應該延長其分期付款和到期債券的償還時限。我的朋友們，這就是另一個需要給予務實而緊急救濟的方面：行動。

對於我國城鄉的小企業主，我打算也這樣做。我們能夠減輕他們的重負，開發他們的購買力。朋友們，把高利率的幽靈趕走吧！把逾期未付的幽靈儘快趕走吧！我們要拯救家庭和家宅，讓成千上萬個有自尊心的家庭安居樂業，把縈繞我們腦際危及安全的恐懼趕走。

縱觀無數件印刷品，無數次演說、反詰、辯論，以及華盛頓和各州隨心所欲而想出來的無數個計畫，一個既重要又簡單的事實就變得顯而易見：在共和黨人擔任領導的過去十年間，透過關稅手段，一個一億三千萬人口的國家已在其邊境周圍建起了固若金湯的鐵絲網工事，把自己同全世界人民隔離了開來。我完全贊同本次大會政綱中所作的關稅說明。它將對美國企業和勞工起到保護作用，我們過去的行爲已招致外國的報復。我提議向這些國家發出邀請，大家捐棄前嫌，友好地進行談判，爲復興世界貿易而制定計劃。

到企業主的家裏看看吧，他知道關稅給自己帶來了什麼；到工廠工人的家裏看看吧，他知道爲什麼貨物積壓滯銷；到農民的家裏看看吧，他知道關稅如何使自己毀於一旦。

我們終於睜大了眼睛，美國人民終於準備承認共和黨領導人錯了，而民主黨是對的。

我的綱領——我只能談及上訴要點——建立在一個簡單的道德原則上，那就是：國家的福利和健全，首先應以人民大眾的意願和需要爲轉移，要看人民大眾的意願和需要是否得到了滿足。

美國人民最需要什麼？我認爲他們最需要兩件東西：一是工作，和隨之而來的道德和精神價值；二是合情合理的安全感——使自己和妻子兒女獲得安全感。這兩件東西比任何言詞更重要，比任何事實更重要。它們是精神價值的體現，它們應該是我國重新建設的方向。實現這些價值是我的綱領和目標，我們在現任領導人的領導下未能實現這些價值。

共和黨領導人告誡我們：經濟規律——是神聖、不可侵犯、不可逆轉的——沒有誰能夠預防它引起恐慌。不過，當他們滔滔不絕地侈談經濟規律時，人民卻在忍饑挨餓。我們必須堅持一個事實：經濟規律不是天生的，而是人類造就出來的。

是的，當——不是假如——我們得到機會，聯邦政府就會勇敢的掌握領導權，開始救濟工作。幾年來，華盛頓一會兒把頭埋入沙灘，說什麼缺衣少食的貧民並不多，一會兒又說如果存在貧民，各州政府就應該關心。他們早在兩年半以前就應該做現在想做的事，但他們一拖再拖，日復一日，周復一周，直到有良心的美國人要求採取行動爲止。

我認爲，地方政府雖然應該一如既往地負起主要責任，但對於廣大人民的福利，聯邦政府過去一直負有、現在仍然負有責任。聯邦政府不久就要承擔起那種責任。

現在，我想簡單談談未來四個月的計畫。我來到這裏，而不是等候正式通知，這一舉動已清楚表明，我們將廢除開支昂貴的儀式。朋友們，我們將立即開動、今晚就開動所有必要的機器，向全國各地的選舉團充分闡述各種問題。

作爲一個偉大之州的州長，我本人還有重要的職責，在目前時刻，這些職責比以往任何時候都要更加光榮和艱鉅。然而我相信，我將能夠對我國若干地方作幾次短訪，首要目的就是與各黨派、各行業的人們開展對話，直接研究全國各地的實際狀況和需要。

我再說一句：人類每經歷一次危機、憂傷和災難，都會獲得更豐富的知識、更高尚的禮儀、更純潔的目的。我們必將能度過一個思想渙散、道德敗落的時期，必將度過一個在人際和國際關係方面自私自利的時代。

我們不要只責備政府，我們同樣也要反求諸己。讓我們坦率承認，許多人對金錢頂禮膜拜，而投機獲利、好逸惡勞的思想已使我們誤入歧途。威力重新確立高尚的標準，我們必須拋棄錯誤的預言家，尋找符合自己意願的新領袖。

在我國現代史上，兩大政黨的根本區別從未像今天這樣明顯。共和黨領導人不僅在物質方面失敗了，而且在提出目標方面也失敗了，因爲他們在災難時期不能展示希望，不能爲人民指出一條可以返回安全場所的道路。

在過去年代被政府遺忘的、全國各地的男男女女正看著這裏，看著我們，期待著我們能提供指導，提供更公平的機會來共用國家的財富。

在農場、在大都會、在小城市、在鄉村，千百萬公民滿懷希望，希望傳統的生活標準和思想準則並沒有一去不復返。他們的希望不能、也絕不會落空。

我向你們保證，也向自己保證，我要爲美國人民實施新政。讓所有聚集在這兒的人都獻出自己的能力和勇氣，做新秩序的宣導者。

這不僅是一場政治運動，這也是戰鬥的號令。幫助我吧！不僅爲了贏得選票，而且爲了贏得這場使美國回到人民手中的改革運動。

注釋：

①一九三二年六月二十七日開始的民主黨全國大會上，圍繞兩位提名候選人的爭鋒十分激烈，七月一日的投票多次出現僵局，羅斯福在第四輪投票中才勝出，成為民主黨總統候選人。

②指羅斯福乘小型飛機從紐約奧爾巴尼飛抵芝加哥會場時，受盡逆風飛行之苦，而且晚到了幾個小時。其間大會所有演講均告結束，民主黨領導人只好求助樂隊指揮和歌手們把疲憊不堪的代表留在座位上；飛機上的夫人和孩子或暈機、或受涼，而羅斯福準備完講稿後竟然睡著了。

③這裏所說的領袖即下文提及的伍德羅．威爾遜。威爾遜是美國第二十八任總統，民主黨人。他之後的三任總統——哈定、柯立芝、胡佛，均為共和黨人，故羅斯福有「中斷征程」之

說，而「恢復」則是說自己作為民主黨總統，上承威爾遜之緒。

④這裏的「文獻」指民主黨的政綱，下文亦多次提及。

⑤指一七七六年美國在獨立戰爭後擺脫了英國的殖民統治，暗喻共和黨的保守政策不得人心。托利黨是形成於十七世紀七〇年代的英國政黨，代表土地貴族和高級教士的利益，二〇世紀成為保守黨的建黨基礎。美國的一些保守黨也用過這一名稱。

⑥即美國憲法第十八條修正案，長期名存實亡，一九三三年被廢除。該條修正案規定：「禁止在美國及其所轄領土內釀造、出售和運送作為飲料的致醉酒類，並禁止該類酒進口或出口。」

⑦以下所談，後來成為著名的田納西河流域工程的組成部分。

⑧這裏的法案即後來實施的《農業調整法》。

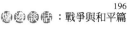

2 首任就職演講

——一九三三年三月四日

羅斯福當選總統之時，美國已經經歷了三年多的經濟危機。大蕭條導致無數人深陷苦難之中，社會出現嚴重動盪，美國制度面臨嚴峻考驗。第三十一任總統赫伯特·胡佛面對危機不肯徹底改弦易轍，終致局面無可收拾。民心思變，從一九三二年十一月羅斯福當選至一九三三年三月就職，舉國都在企盼新總統上任後扭轉危局。羅斯福正是在這樣危難重重、眾首翹盼的情勢下發表了他的首任就職演說。

胡佛總統、首席大法官、朋友們：

今天，對全國人民來說是一個神聖的日子。我肯定，同胞們都期待我在就任總統時，會像我國人民目前的處境所要求的那樣，坦率而果斷地向他們講話。

現在正是坦白、勇敢地說出實話，說出全部實話的最好時刻。我們也不必畏縮，不敢坦誠地面對我國今天的狀況。這個偉大的國家將一如既往地堅持下去，它會復興和繁榮起來。

因此，讓我首先表明我的堅定信念：我們唯一的恐懼就是恐懼本身——一種莫名其妙、毫無根據的恐懼，它把我們轉退為進所需的種種努力化為泡影。

每當我們國家在烏雲密佈的時刻，坦率而有活力的領導都會得到人民的理解和支持，從而為

勝利準備了必不可少的條件。我相信，在目前的危機時刻，你們一定會再次給予這樣的支持。

我和你們都要以這種精神，來面對我們共同的困難。感謝上帝，這些困難只是物質方面的。貨幣貶值到令人難以置信的地步；稅收增加了；支付能力下降了；各級政府面臨著嚴重的收入短缺；交換手段在貿易過程中遭到凍結；工業企業枯萎的落葉到處可見；農場主的產品找不到銷路；千家萬戶多年的積蓄付之東流。

更重要的是，大批失業公民正面臨嚴峻的生存問題，還有大批公民正辛勤勞作卻收入甚微。只有愚蠢的樂天派會否認當前的陰暗現實。

但是，我們的苦惱絕不是因爲缺乏物資。我們沒有遭到蝗蟲的災害。我們的先輩曾以信念和無畏一次次轉危爲安，與他們相比，我們仍然有許多値得慶幸的地方。大自然仍在慷慨施捨，而人類的努力已使之倍增。富足近在咫尺，但就在我們見到這種富裕並要盡情享受時，它卻悄然離去。

這主要是因爲主宰人類物資交換的統治者失敗了①，他們固執己見而又無能爲力，因而已經承認失敗，並撒手不管了。貪得無厭的貨幣兌換商其種種行徑，受到輿論法庭和人類心靈及理智的唾棄。

不錯，他們是作出過努力。但他們的努力一直束縛於過時的傳統模式。面對信貸的失敗，他們提議的只是借貸更多的錢。當利潤失去其誘惑力，不再能吸引人民追隨他們的錯誤領導時，他們就求助於規勸，眼淚汪汪地請求人民恢復信心。他們所瞭解的不過是追逐私利的那一代人的規劃。他們沒有遠見，而沒有遠見，人民就要遭殃②。

是的，貨幣兌換商已從我們文明廟堂的高位落荒而逃了。我們現在可以按古老的眞理來復原這座廟堂。衡量復原的標準在於比純粹金錢利潤更高尚的社會價值。

幸福並不在於單純地佔有金錢；幸福還在於取得成就後的喜悅，在於創造性努力時的心靈震顫。千萬不要再去瘋狂地追逐那轉瞬即逝的利潤，而忘記了勞作帶來的喜悅和激勵。朋友們，如果這些暗淡的時日能使我們認識到，我們眞正的使命不是要別人侍奉，而是爲自己和同胞們服務，那麼，我們付出的代價就是完全值得的。

認識到把物質財富當作成功的標準是錯誤的，隨之而來的，便是放棄以地位、尊嚴和個人收益爲唯一標準，來衡量公職和高級政治地位的錯誤信念；我們必須制止銀行界常把那種神聖的委託混同於無情和自私的不當之舉③。難怪人們的信心在減弱，因爲增強信心，只有靠誠實、榮譽感、神聖的責任感及忠實地加以維護和無私地履行職責；若沒有這些，就不可能有信心。

但是，復原不僅僅要求改變倫理觀念。這個國家要求的是行動，現在就行動起來。

我們的首要任務是讓人們有工作可做。如果我們明智而勇敢地面對這個問題，這就不是什麼解決不了的問題。

對此，我們可以採用處理戰時緊急情況的方式，透過政府直接招雇來解決部分問題，同時又透過這種招雇，完成急需的工程，促進和重組我國豐富的自然資源之使用。

與此同時，我們必須坦白地承認，我們工業中心的人口已經過剩，因而要在全國範圍調整人口的分佈和資源的使用，爲那些最善於利用土地的人創造更好的條件。

是的，爲了促進此項工作，我們可以切實提高農產品的價格，由此提高農民對城市產品的購買力；我們可以從實際出發，防止小房產主和農場主因喪失贖回權而不斷蒙受損失的這類悲劇發生；我們可以堅決主張聯邦政府、州政府和地方政府立即按要求大幅度消減經費；我們可以統籌開展救濟工作，避免目前這種分散、浪費和不公平的現象；我們可以由國家統一規劃和監督各種運輸、交通及其他明確的公共設施。有許多方法來促進這項工作，但光說不做永遠無濟於事。我們必須採取行動。我們必須趕快行動起來。

最後，在逐步實現人們回復工作的過程中，我們需要兩個保障，以防舊秩序的弊病捲土重來：一是嚴格監督所有銀行、信貸及投資；二是杜絕利用他人錢財進行投機，提供充足而健全的貨幣。

朋友們，這些就是我們行動的路線。我會立即敦促新一屆國會召開特別會議，對實施這些路線的詳細措施進行審議，我還會向全國四十八個州尋求立即的援助。

透過這個行動綱領，我們要致力於整頓國內的事務，實現收支平衡。我們的國際貿易雖然十分重要，但就時間和必要性而言，首要任務是建立健全的國家經濟。我贊同把最要緊的工作置於首位的務實政策。我將不遺餘力地透過國際經濟調整來恢復世界貿易，但是，不能等到這項工作完成後再來處理國內的緊急狀況。

實現國家復興的具體措施之基本指導思想，並非狹隘的國家主義④。它首先考慮的是美國各個部門及多種因素的相互依賴——即認識到這是美國的拓荒傳統並且是永遠重要的體現。這是復興之路，這是捷徑，這是復甦得以持久的最有力保證。

在外交政策方面，我將使美國致力於奉行睦鄰政策——這項政策使鄰國尊重自己因而也尊重其他國家的權利——這項政策使鄰國尊重自己的義務，也尊重與世界各國的神聖性協議。

如果我正確理解了我國人民性情的話，那麼我們現在比以往任何時候都要更加深刻地認識到，我們是相互依靠的，我們不能只是索取，我們還必須奉獻；如果我們要前進，就必須像一支訓練有素、忠心耿耿的軍隊，願意為共同的紀律而犧牲，因為，沒有這種紀律，就無法前進，領導者就不可能發揮作用。

我知道，我們都已經做好準備，並願意為這種紀律獻出生命和財產，因為這讓以謀求更遠大利益為目標的領導成為可能。這就是我想提供的領導，我保證，這些遠大的目標將像一種神聖的義務對我們大家產生約束，產生只有在戰爭時期才會存在的共同責任感。

作出了這樣的保證，我將毫不猶豫地率領這支由人民所組成的偉大軍隊，紀律嚴明地向我們共同的困難發起進攻。

這樣的行動，這樣的目標，在我們從先輩那裏繼承來的政府中是可行的。我們的憲法簡明而實用，只要在不損及其基本形式的前提下改變其重點和排列，就能滿足各種特殊的需要。

這也是我國憲法體系被證明是現代世界最持久的政治體制之原因。它經受了大規模的領土擴張、對外戰爭、痛苦的內戰和國際關係帶來的種種壓力。人們希望，行政權和立法權的正常平衡，可以應付我們面臨的前所未有的任務。但是，史無前例的要求和立即行動的需要，或許使我們暫時背離政治體制的正常平衡⑤。

我準備根據自己的憲法職權，爲一個危難國家提出一些它所需的措施。對於這些措施，以及國會根據其經驗和智慧所制定的其他措施，我將根據自己的憲法許可權謀求迅速實施。

但是，如果國會未能採納這兩條路線中的一條，如果國家緊急狀態依然如故，我將不迴避擺在我面前的明確方向。我將要求國會准許我使用唯一剩下的手段來應付危機——向非常狀況開戰的行政權，如同我國遭到外敵入侵時授予我的那種廣泛的權力。

對於大家寄予我的信任，我一定報以這個時代所要求的勇氣和獻身精神，我一定說到做到。

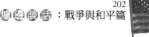

讓我們懷著舉國一致的人情和勇氣，懷著尋求傳統而珍貴的道德觀念之明確意識，懷著老老少少都能透過恪盡職守而得到的問心無愧之滿足，來正視面前的嚴峻歲月。我們的目標是要保證國民生活的圓滿和長治久安。

我們並不懷疑基本民主制度的未來，美國人民並沒有失敗，他們在需要之時表達了自己的委託，即要求採取直接而有力的行動。

他們要求得到領導者的紀律和方向，他們現在選擇了我作爲實現自己願望的工具，懷著對人民信任的感激，我接受了這一選擇。

在此舉國奉獻之際，我們謙卑地請求上帝賜福。

願上帝保佑我們每一個人。

願上帝在未來的日子裏給我指引。

注釋：

①這裏的「失敗」，主要指一九二九年十月股票市場的崩潰。「主宰人類物資交換的統治者」主要指投機商人，尤其指股票投機者，即下文的「貨幣兌換商」。

②這段文字集中批評了胡佛政府的反危機措施。胡佛試圖採取自願合作政策，通過小修小補來挽救危機，但收效甚微，導致民生日益凋敝。

③這主要是指某些銀行和企業利用儲户存款和股東資金，進行股票投機。

④國家主義（**nationalistic**）指片面依賴國家、由政府包辦一切的主張。在美國建國初期曾流行一時。

⑤當時，人們普遍寄希望於新任總統來挽救危局。因此，羅斯福認為，自己上任後所採取的

行動必將擴大總統權力而打破原有的三權分立制衡之格局，故在此預先說明。

3

連任就職演說

——一九三七年一月二十日

一九三六年的大選中，民主黨獲得了空前的勝利，羅斯福以美國有史以來最高的票數當選總統。根據一九三二年三月提出、一九三三年二月獲得批准的憲法第二十條修正案，總統就職日期改為一月二十日，以便迅速完成政府的交接工作，因此羅斯福在一年中更為寒冷的時節發表了他的連任演講。他坦率承認還沒有達到自己在第一任期之初設想的「幸福河谷」的目標，但發誓繼續努力，消除「全國三分之一人民住不好、穿不好、吃不好」的貧困狀態。

四年前，當我們聚集在一起舉行總統就職典禮時，那時，這個一心沉浸在焦慮不安中的共和國，目前精神飽滿地站在這裏。我們當時決心獻身於實現一個理想，即促使全體人民早日享有對追求幸福來說至關重要的安全與和平。我們作爲這個共和國的一員，發誓要從我們古老信念的殿堂中驅逐那些曾經褻瀆這種信念的人，並且不知疲倦和無所畏懼地採取行動，結束當日那種經濟停滯和灰心絕望的局面。我們首先解決了這些當務之急。

我們的誓約沒有就此止步。

我們本能地認識到更深一層的需要——需要透過政府來找到實現我們共同目標的手段，爲每

個人解決複雜的文明社會所不斷產生的問題。試圖拋開政府的幫助來解決這些問題的屢次嘗試，結果都使我們備受挫折和一籌莫展。

因爲，倘若離開了政府的幫助，我們就無法從道德上來控制科學的使用，而這種控制使科學成爲人類的有用僕人而非無情主人。爲了做到這一點，我們深知必須找到切實可行的手段，以控制盲目的經濟力量和利令智昏者。

我們美國人民認識到一條眞理：民主政府天生就有能力保護人民，使他們免遭一度被認爲是不可避免的災難，解決一度被認爲是無法解決的問題。我們曾聽天由命的忍受了幾個世紀才找到控制瘟疫的辦法，但我們絕不承認無法找到控制經濟瘟疫的方法。我們拒絕把我們的共同福祉問題交給運氣的陣風和災難的颶風去擺佈。

在這方面，我們美國人不是在發明全新的眞理，而是在爲我們自治的史冊續寫新的篇章。

今年是制憲會議召開一百五十周年，那次會議使我們成爲一個國家①。在那次會議上，我們的前輩爲擺脫革命戰爭後的混亂局面找到了出路；他們創立了步調一致、堅強有力的政府，使我們足以在當時和現在都能解決個人或地方根本無法解決的問題。

他們在一個半世紀以前建立起聯邦政府，目的就是增進美國人民的普遍福利，確保美國人民的自由幸福。

今天，我們要動用政府所擁有的同樣的權力，以實現同樣的目標。

四年來的新經驗表明，我們的這種歷史直覺並未落空。這四年清楚地展示了一種希望，顯示從社區、各州到全國的各級政府，都能完成時代提出的任務，而絲毫沒有損及其民主體制。我們過去四年的任務並沒有迫使民主休假賦閑②。

我們幾乎所有人都認識到，由於人類關係日趨複雜，支配這種關係的權力也必須加強——包括抑惡的權力和揚善的權力。我國的基本民主制和人民安全的依據不是不要權力，而是透過誠實和自由的選舉制度，把權力交給可以由人民定期更換或連任的人。一七八七年的憲法並沒有使我們的民主軟弱無力。

事實上，在最近四年裏，我們使權力的行使更爲民主化，因爲我們已開始促使各種獨斷獨行的私人權力適當地服從於公眾的控制。關於它們凌駕於民主制度之上而不可戰勝的神話，已經被打碎了。它們遇到了挑戰，並且已被打敗了。

我們擺脫蕭條所取得的進展乃是有目共睹的。但這並不是你們和我所說的「新秩序」所包含的全部意義。我們立下的誓約，並不僅僅在於用二手材料從事一點點東修西補的工作。我們運用社會正義的新材料，已經著手在原有的基礎上建造一所更加牢固持久的新大廈，以便未來幾代更好地利用。

爲了達到這個目的，我們已從思想和精神方面的成就中獲得了益處。古老的眞理得到了重溫，謊言已無人問津。我們向來都懂得，漠不關心他人的自私自利行爲，乃是十分糟糕的道德表現；現在我們還明白了這種行爲在經濟學上也是十分糟糕的。曾經造成經濟繁榮的人們誇耀那些做法乃是現實可行的，但結果繁榮景象卻毀於一旦。人們於是從中獲得一個信念：不講究經濟道德終究是要付出代價的。

我們正開始消除劃分現實與理想的界線，通過這一做法，我們正在鍛造一種威力無窮的工具，以建設一個在道德方面更爲美好的世界。

這種新的認識，打破了人們對追逐世俗名利這類成功的崇拜心理。那些爲了利潤而背棄基本尊嚴的人，慣於濫用權力，對此我們已開始感到難以容忍。

在這個過程中，從前習以爲常的種種惡劣現象，是不會得到輕饒的。意志堅強的人們對於冷血狠心的行爲，不會輕易表示寬恕。我們正在走向一個感情和睦的時代，但我們也意識到，只有在心地善良的人們中間，才會出現感情和睦的時代。

基於上述原因，我完全有根據認爲，我們所目睹的最偉大變革，乃是美國道德風尚的變革。

在心地善良的人們中間，科學和民主一起爲個人提供了一種不斷富足的生活和不斷擴大的滿足。隨著我們道德風尚的變革，以及重新發現我們具有改進經濟秩序的能力，我們就踏上持續進步的道路。

我們現在應當停止前進，調轉頭來背對著前面的道路嗎？我們能把這個叫做「希望之鄉」嗎③？或者，我們應當繼續前進嗎？因爲有言道，「每個時代都是一場夢，不是在消逝，就是將要誕生④。」

我們在面臨重大抉擇的關頭之時，聽到了許多說法。「安樂」先生表示要「歇一會兒」，「機會主義」先生則認爲「這地方不錯」，「怯懦」先生則關心「前面的路有多難走」。

不錯，我們已經遠遠地擺脫了那種經濟停滯和灰心絕望的日子。國家的活力得到了維護，人們的勇氣和信心得到了恢復，精神和道德的天地也得到了極大的拓展。

但是，我們目前的成就乃是在異乎尋常的壓力下取得的。處於恐懼與痛苦的刺激下，不前進是不可能的，那種時光是有利於取得進展的。

然而，今天要堅持進步卻更爲不易。麻木不仁、不負責任、冷酷無情和自私自利的傾向已重新抬頭。這種繁榮的徵象，有可能成爲又一次災難的不祥之兆。因爲繁榮已在檢驗我們進步的意願能否耐久不衰。

讓我們再一次問一下，我們已經達到了我們在一九三三年三月四日所憧憬的目標嗎？我們已經找到「幸福河谷⑤」嗎？

我看到的是一個偉大的國家，屹立於一片遼闊的大陸，享有極爲豐富的自然資源。這裏的一億三千萬人民和睦相處：他們正在把自己的國家變成一個與世界各國友好相處的鄰邦。我看到的是這樣一個美國，它能夠證明在民主方式的政府之下，全國的財富可以轉化爲廣大人民前所未有的普遍舒適生活，可以把最低生活水準提高到遠遠超出純粹糊口的基準之上。

但是，我們的民主制還面臨著挑戰。在這個國家，我看到，占總人口很大一部分的千百萬公民，就在此刻仍被剝奪了最低生活水準所要求的必需條件。

我看到數百萬個家庭收入低微、生活艱難、家庭災難的陰影日復一日地籠罩在他們頭上。

我看到數百萬城鄉居民每天的生活，仍然處於半個世紀以前被所謂的上流社會稱作不體面的狀況之中。

我看到數百萬人被剝奪了教育和娛樂的權利，得不到改善他們自己及其後代命運的機會。

我看到數百萬人缺乏購買工業、農業產品的能力，而由於他們的貧困，又使其他數百萬人無法進行工作和生產。

我看到全國三分之一的人住不好、穿不好、吃不好。

我向你們描繪這幅畫面，並非出於悲觀絕望。我是懷著希望來描繪的，因爲全國人民現已看到和瞭解到國內存在的不公正現象，他們就會建議一筆將它抹去。

我們下定決心，要使每個美國公民都成爲國家照顧和關心的對象，我們絕不會把境內任何一個忠誠守法的群體看作多餘者。檢驗我們進步的標準，並不在於我們爲那些家境富裕的人增添了多少財富，而要看我們是否爲那些窮困貧寒的人提供了充足的生活保障。

假如我對我國人民的精神和目標略有所知的話，那就讓我們不要理會「安逸」先生、「機會主義」先生和「怯懦」先生所說的話，我們要繼續前進。

從整體上說，美國的男男女女都是心地善良的人，他們不僅具有樂於奉獻的火熱心腸，而且頭腦冷靜、腳踏實地、朝著預定目標穩步前進。他們會要求民治政府的各個機構都運用有效手段來實現他們的意願。

一個政府的所有組成人員若能作爲全體人民的受託者而工作，那它就是一個稱職的政府。它若能跟上時勢的發展，就會取得不斷進步。倘若人民能夠瞭解這個政府所作所爲的眞實情形，那它就會得到正當的支持和合法的批評。

假如我對我國人民的意志略有所知的話，那麼他們所要求的就是要創造並保持使政府有效運轉的各項條件，就是要使我們的國家免受這種不公正癌症的侵襲，從而成爲一個嚮往和平的典範，在世界各國中保持強大的地位。

今天，我們重申，在急劇變化的文明時代，我們的國家決心獻身於長期倍受珍視的種種理想。在每一片土地上，時刻都有使人分道揚鑣和使人走到一起的種種力量在發揮作用。在爲各遂其志而奮鬥的時候，我們乃是個人主義者；但在作爲一個國家而尋求經濟和政治進步的過程中，我們就成了一個整體，不是全體向上攀登，就是一起墜入深淵。

我們在奮鬥中要保持民主作風，這就要求以極大的耐心來處理方法上的分歧，並且做到虛心聽取各種意見。不過，在眾多吵嚷混亂的聲音當中，要能夠對於占主導地位的公眾之需要達成理解。於是，政治領導者就可以表達人們的共同理想，並且有助於這些理想的實現。

值此再度宣誓就任美利堅合眾國總統之際，我又一次擔當起領導美國人民沿著他們選定的前進道路奔向前方的莊嚴職責。

在擔任這個職務期間，我要盡最大努力，按照人民的意願說話，按照人民的意志辦事。我要祈求上帝的指引，來幫助我們全體和每一個人，來啟發執迷不悟的人，來引導大家走向和平之路。

注釋：

①費城制憲會議於一七八七年召開，至一九三七年時已一百五十年。

②羅斯福擴大行政權力的做法，以及種種國家干預措施遭到了反對者的攻擊，如前任總統胡佛在其《對自由的挑戰》一書中稱「新政」是「社會主義」、「對整個自由哲學的否定」。

③「希望之鄉」（Promised Land），也譯「應許之地」，指《聖經》中上帝賜給亞伯拉罕的迦南寶地。

④這裏引用的是二〇世紀英國詩人亞瑟．奧肖內西（Arthur O' Shaughnessy）的詩句。

⑤幸福河谷（happy valley），《聖經》中有「死蔭之幽谷」一說，指人在臨死前的恐懼階段，羅斯福在此反其意而用之。

4 四大自由

一九四一年一月六日

這是羅斯福致國會的年度諮文。歷史發展到這個年份，對美國來說，國內經濟蕭條之外，外來的戰爭威脅已經迫在眉睫。針對內外交迫的形勢，羅斯福在諮文中談了政府的內政外交政策，尤其是後者。在此基礎上，羅斯福概括出了人類理當享有的四種權利——言論、信仰自由以及不虞匱乏、免於恐懼的自由。後來，人們把這些自由權利概括為「四大自由」。正是這些理念，使這篇諮文成為偉大的思想文獻。

我向第七十七屆國會的各位議員提交的這份諮文，是在美國歷史上一個前所未有的時刻。我使用「前所未有」一詞，是因爲此前美國的安全從未像今天這樣受到嚴重的外來威脅。

自一七八九年我們的政府根據憲法成立以來，歷史上的多數危機時刻關涉的都是國內事務。幸運的是，只有其中一次——四年的州際戰爭①——曾經威脅到我們國家的統一。今天，感謝上帝，四十八個州的一億三千萬美國人已經忘記了我們在國家統一上的那點分歧。

的確，在一九一四年以前，美國也曾不時受到其他各洲事態的干擾。爲了維護美國的利益以及和平通商的原則，我們還和歐洲國家打了兩仗②，在西印度群島、地中海和太平洋也有過幾次

未曾宣佈的戰爭。不過，在所有此類情形下，我們國家的安全從來不曾受到嚴重的威脅。

然而，我打算告訴大家一個歷史事實：作爲一個國家，美國無論何時都明確反對這樣的企圖——在文明發展的進程中，卻把我們封堵在一道古老的長城後邊。今天，想到我們的孩子和孩子的孩子，我們同樣反對這樣的企圖——把我們自己或美洲的其他部分強制孤立。

這種許多年來經久不衰的決心，曾在戰爭裏得到證明——比如在法國革命後的幾次戰爭裏。儘管拿破崙曾因法國有西印度③和路易斯安那的據點而威脅到美國，儘管我們不得不在一八一二年以戰爭④來維護自己從事和平貿易的權利，但十分明顯的是，法國、英國或任何其他國家從來都沒有打算過統治世界。

同樣的是，在一八一五～一九一四年的九十九年間，沒有哪一次歐洲或亞洲的戰爭曾對我們或其他美洲國家的未來構成過眞正的威脅。

除了墨西哥的馬克西米利安⑤那段插曲之外，從未曾有哪個國家染指過這個半球；而英國的大西洋艦隊則一直是一支友軍——現在仍然是友軍。

甚至一九四一年驟然爆發的世界大戰，對我們美國本身的前途似乎僅有輕微的威脅。但是，隨著時間的推移，美國人民開始想像民主國家的淪陷對我們美國的民主制度將意味這什麼。

我們無需過分強調《凡爾賽和約》⑥的缺陷。我們也無需反覆談論民主國家處理世界重建問題上的失敗。我們不應該忘記，與早在慕尼黑會議以前就開始的「綏靖」⑦相比，一九一九年的

和約要公正得多；在今天企圖向各大洲擴展的專制主義「新秩序」下，這種「綏靖」仍在蔓延。而美國人民一直堅定不移的反對這種暴政。

每一個現實主義者都知道，民主生活方式目前正在世界各地遭受直接的攻擊——或者是武力的攻擊，或者是秘密散佈的惡毒宣傳的攻擊。散佈這種宣傳的人，企圖在仍然維持著和平的國家破壞團結、製造分裂。

十六個月來，這種攻擊已經在一批大大小小的獨立國家中，徹底毀掉了整個民主生活的格局。進攻者仍在步步進逼，威脅著大大小小的其他國家。

因此，作爲各位的總統，執行憲法賦予我的「向國會通報聯邦情況」的責任，我認爲雖然令人不快，但還是必須向各位報告：我們國家和我們民主政治的前途和安全，已經與我們國境內的許多事情不可抗拒地牽連在一起。

以武力保衛民主生存的戰爭，現正在四大洲英勇地進行。倘若這場保衛戰失敗，所有在歐洲、亞洲、非洲和大洋洲的人口和一切資源，都將被征服者控制。這些人口和資源合計起來，遠超過整個西半球的全部人口和資源的總數——超過很多倍。

在這樣的時代，無論誰吹噓美國即使毫無準備，一隻手綁在背後，單靠另一隻手也能對付整個世界，都是幼稚的——附帶來說，當然也是不眞實的。

任何現實的美國人都不能期望從一個獨裁者的和平中獲得國際上的寬容，或眞正獨立的恢復，或世界性裁軍、言論自由、信仰自由，或者甚至是公平的貿易。

這樣的和平，絕不會給我們或者我們的鄰國帶來任何安全。「那些寧願放棄基本自由以求一時安全的人，既不該享有自由，也不該得到安全。」

作爲一個國家，我們可以爲自己的仁慈友好而驕傲。但是，我們不能任人擺佈。

對於大肆鼓吹綏靖「主義」的人，我們一定要時刻保持警惕。

對於寧肯剪短美國雄鷹⑧的雙翼，來鋪墊自己安樂窩的一小撮自私的傢伙，我們尤其要嚴加提防。

我最近曾經指出，現代戰爭可以極爲迅速地將武裝攻擊帶到我們的身旁，如果獨裁國家打贏這場戰爭，我們就必須預計到這種攻擊的到來。

現在有不少人信口胡言，說什麼我們不會很快地面臨到來自海外的入侵。因爲顯然易見的是，只要英國海軍能夠維持優勢力量，這種危險就不存在。即使沒有英國海軍，恐怕也不會有哪夥敵人愚蠢到派兵橫跨幾千英里的海洋登陸到美洲來攻擊我們，除非他們已經事先取得了發動進攻的戰略基地。

然而，在過去幾年裏，我們從歐洲獲得了不少的教訓，特別是挪威的教訓⑨。挪威重要港口的失陷，正是由於別人的背信棄義以及準備多年的突然襲擊。

進攻我們半球的第一個階段，不會是敵人正規軍的登陸。必不可少的戰略據點的佔領，將依靠間諜和受其蒙蔽的人——這樣的貨色，在我們這裏和拉丁美洲早已不乏其人。

只要侵略者保持進攻的態勢，進攻的時間、地點和方式就由他們——而不是我們——來決定。

所以，今天所有美洲共和國的前途都處於嚴重危險之中。

所以，今天才會出現這份給國會、在我們歷史上絕無僅有的年度諮文。

所以，所有政府部門的成員和國會議員才須面臨艱鉅的任務，和重大的責任。

當務之急是，我們的行動和我們的政策都應該首先針對——幾乎是專門針對——如何對付這種來自國外的危險，因爲我們所有的國內問題，現在都已經成爲這一迫在眉睫之危險的一部分。

正如在國內事務上，我們的國策是以尊重國門以內所有問題的權利和尊嚴爲基礎，在外交事務上，我們的國策也以尊重所有大小國家的權利與尊嚴爲旨歸。道義上的公正原則最後將會而且也必然會取得勝利。

我們國家的政策是：

第一，在明確表達公眾意願以及排除黨派偏見的情況下，我們致力於全面的國防。

第二，在明確表達公眾意願以及排除黨派偏見的情況下，我們決定對不論何處、所有反抗侵略致使戰火沒有燃燒到我們西半球來的英勇民族予以全力支持。我們用這種支持，來表示我們對民主事業必勝的決心；我們要加強我國本身的防禦和安全。

第三，在明確表達公眾意願以及排除黨派偏見的情況下，我們決定聲明，道義上的基本原則和我們對自身安全的考慮，將永不容許我們默認侵略者支配和綏靖主義者所贊許的和平。我們知道，持久和平不能以他人的自由爲代價來換取。

在最近的全國選舉中，在國家政策方面，兩大黨並無實質上的分歧；在美國選民面前，也並未在這方面展開什麼爭論。今天已經十分清楚的是，全國各地的美國公民都認識到了顯而易見的危險，正在要求採取和積極支持迅速而全面的行動。

因此，我們的軍備生產需要迅速推進。

企業領袖和勞工已經對我們的召喚作出了回應，生產速度方面的奮鬥指標也已經確定。就某些方面來看，指標正在提前完成；在某些方面來看，指標正在按時推進；就另一些方面來看，有稍許並不嚴重的遲延；而在某些方面——很遺憾地說，這是一些重要的方面——計畫完成的緩慢情況令我們十分關切。

不過，在過去的一年裏，我們的陸軍和海軍取得了實質性的進展，生產工藝和速度正因爲實際經驗的積累而日漸改進。

我對迄今作出的進展並不滿意。負責這項計畫的那些訓練有素、能力出眾、忠心愛國的人，他們對迄今作出的進展也不滿足。直到完成任務，我們誰都不會滿足。

不管原來設定的指標是高是低，我們都要求更快更好。

這裏我給大家舉兩個例子：

我們的飛機生產落後於計畫，我們正在解決諸多問題，爭取完成計畫。

我們的軍艦建造走在計畫的前面，但我們正在努力提前得更多一些。

實現整個國家從平時生產向戰時生產的轉變，這是一個十分艱鉅的任務。其中尤爲困難的是，在計畫開始之時，首先得製造樣品機、建造新廠房、安裝裝配線、修建新船臺，然後才能穩定快速地生產出軍用物質來。

國會當然必須隨時瞭解計畫的進展。但是，正如國會也能及時認識到的，爲了我們自己的安全和我們支援的國家利益，有些情報當然也有必要予以保密。

新情況不斷給我們的安全帶來新需求，我將要求國會大量增加新的撥款，並授權繼續進行我們已經開始的工作。

我也要求本屆國會授予足夠的權利與經費，以便製造多種多樣的軍需物資與戰爭裝備，供給那些正在與侵略者作戰的國家。

我們最有效和最直接的任務，是充當他們和我們自己的兵工廠。他們不需人力，他們需要的是價值以十億美元計的防禦武器。

用不了多久，他們就將無力用現款償付這些防禦武器。我們不能也不會只因爲他們無力償付他們必須擁有的武器，便告訴他們必須投降。

我不會建議由我們貸款給他們，再由他們用這筆款項支付購買武器的費用——一種需用現金償還的貸款。

我建議由我們設法使那些國家繼續從美國獲得作戰物資，並讓他們的訂單與我們自己的計畫匹配。一旦時機到來，他們大部分的軍用物資都會有利於我們自己的防衛。

根據有經驗的陸海軍權威的建議，而且考慮到什麼對我們自身的安全最爲有利，我們可以自由地決定應該在國內保留多少，應該運給我們的外國朋友多少。他們堅定英勇地抗敵，使我們贏得了爲自身防衛充分準備的時間。

我們運到海外的物資，在敵對行動結束後的一段合理時間之內，將會得到同樣物資上的償還，或者提供另外的選擇，得到他們能夠生產而我們也需要的其他種類產品。

讓我們對民主國家申明：「我們美國人極爲關懷你們保衛自由的戰爭，我們正運用我們的實力、我們的資源和我們的組織力量，使你們有能力恢復和維繫一個自由的世界。我們會給你們送去數量日增的艦艇、飛機、坦克和大炮。這是我們的目標，也是我們的誓言。」

爲了實現這個目標，我們不會因爲獨裁者的威脅而退縮，這些人認爲我們對那些膽敢抵抗他們侵略的民主國家進行支援是違犯國際公法，是戰爭行爲。我們的援助，並不因爲獨裁者單方面宣佈就成爲戰爭行爲。

作爲獨裁者，如果準備向我們開戰，他們不會等待我方的戰爭行爲。對於挪威、比利時、荷蘭，獨裁者都不曾等待他們做出什麼戰爭行爲。

他們唯一有興趣的是一種新的單方面的國際法，這種國際法網開一面，不要求雙方共同遵守，從而也就成爲他們的壓迫工具。

未來幾代美國人的幸福，可能要看我們如何有效而迅速地使我們的支援產生影響。沒有人知道我們要面對的緊急處境屬於怎樣一種的性質，在事關國家生死存亡的危急時刻，我們國家的雙手絕對不能受到束縛。

我們所有的人都必須準備因應緊急情況——幾乎和戰爭本身一樣嚴重的緊急情況——要求個人作出犧牲。任何阻礙進行迅速有效防衛準備的事情，都必須爲國家的需要讓路。

自由的國家有權期待所有社會集團的全面合作。自由的國家有權期待企業、勞工和農業領袖在自己的集團內部——而不是在其他集團之間——帶頭起促進作用。

對付我們中間少數逃避責任和製造麻煩的人，最好的方式，首先是用愛國主義的榜樣使他們愧疚；如果這樣不起作用，就運用政府的權威來進行管制。

如同人們並非單靠麵包生活一樣，人們也並非單靠武器來作戰。那些堅守我們防禦工事的人，以及在他們後面建立防禦工事的人，都必須具有耐力和勇氣，而所有這些均來自他們對正在保衛的生活方式具有不可動搖的信念。我們號召的偉大行動，不能建立在忽視所有值得爲之奮鬥的東西基礎之上。

美國民主生活方式的保持，與個人利害攸關，對於促使人民明白這一點而做的種種事情，舉國上下，都非常滿意，並且從中汲取了巨大力量。這些事情使我們人民的身心堅強起來，鞏固了他們的信念，也加強了他們對準備保衛之各種制度的忠誠。

當然，現在並非停止考慮各種社會和經濟問題的時候，這些問題都是社會革命的根本原因，而這種革命則是當今世界的一個主要因素。

一個健全穩固的民主政治其基礎並不神秘。我們人民對政治經濟制度所抱持的基本期望十分簡單。那就是：給年輕人和其他人以均等機會、給能工作的人以工作、給需要保障的人以保障、終止少數人享有的特權、保護所有人的公民自由權、在生活水準不斷普遍提高的情況下享受科學進步的成果。

在我們這個混亂和複雜得難以想像的現代世界裏，對這些簡單而基本的東西絕不能一刻放鬆。我們種種經濟、政治體制的內在和持久的力量，正取決於它們滿足這些期望的程度。

有不少與我們社會經濟有關的事項，需要立即改善。例如，我們應該使更多的公民享有養老金和失業保險的保障，我們應該擴大使人們享有充分醫療照顧的機會，我們應該制定一套更好的制度，使那些理當並需要獲得有薪職業的人能夠就業。

我曾經號召大家作出個人犧牲，我相信幾乎每個美國人都樂於響應我這個號召。

這種犧牲的一個方面，是指拿出更多的錢來納稅。在我的預算諮文裏，我將建議由增加稅收來給這個偉大的國防計畫提供大部分資金。任何人都不該也不准從這個計畫上發財；各盡所能的納稅原則，應該是這項計畫的指導方針。

如果國會維護這些原則，愛國爲先、賺錢其次的選民就會對各位鼓掌歡迎。

在我們力求安定的未來歲月裏，我們期待一個建立在四項人類基本自由之上的世界。

第一是發表言論和表達意見的自由——在全世界的任何地方。

第二是人人都有以自己的方式來崇拜上帝的自由——在全世界的任何地方。

第三是不虞匱乏的自由——就世界範圍來講，這意味著一種經濟上的融洽關係，它將保證每個國家的居民都過上和平時期的健全生活。

第四是免於恐懼的自由——就世界範圍來講，這意味著世界範圍的裁減軍備，要全面徹底地裁減到這樣的程度：世界上沒有一個國家有能力向任何地區的任何鄰國發動武力侵略。

這並不是對一個渺茫的黃金時代之憧憬，而是我們這個時代和我們這一代人就可以爲世界奠立的堅實基礎，而這種世界、與獨裁者企圖在炸彈爆炸聲中製造的專制主義「新秩序」截然相反。

針對他們那個「新秩序」，我們提出了一個更爲宏大的概念——道義秩序，一個優越的社會，面對各種征服世界和在國外製造革命的陰謀全都是毫無畏懼。

自美國有史以來，我們一直在從事變革——一種持久的和平變革——一種悄然適應變化、穩健邁步向前的變革——並不需要任何集中營或萬人塚。我們所追求的世界秩序，是自由國家之間的合作，以及在友好、文明的社會裏共同前進。

這個國家，已把它的命運託付於國內千百萬自由男女的雙手、頭腦和心靈；已把自己對於自由的信念交由上帝指引。自由意味著在任何地方都是人權至上。凡是爲取得或保持這種權利而鬥爭的人，我們都予以支持。我們的力量來自我們目標的一致。

爲了這一崇高信念，我們不獲全勝，絕不甘休。

注釋：

①這裏的戰爭，指始於一八六一年、止於一八六五年的美國南北戰爭。

②指一八九八年的美西（美國——西班牙）戰爭，和下文提及的一八一二年的美英第二次戰爭。

③西印度（West Indies），舊指「美洲」，是義大利探險家亞美利哥·維斯普奇發現哥倫布以新大陸為印度的錯誤後，為新大陸取的新名稱，因在西半球，故稱。後專指南北美洲間的西印度群島，包括安地列斯群島、巴哈馬群島、特立尼達和多巴哥島。拿破崙一世曾以此和當時屬於法國的路易斯安那對美國構成威脅。

④這裏的戰爭指一八一二年開始的第二次美英戰爭。由於英、法嚴禁美國與歐洲其他國家通

商，美國海外貿易受到打擊，故於一八一二年六月十八日對英宣戰。一八一四年十一月雙方簽訂根特和約，英國完全確認美國獨立。

⑤馬克西米利安（Maximilian，一八三二～一八六七）為奧地利皇帝法蘭西斯·約瑟夫之弟，曾任倫巴第——威尼斯王國總督。在法國影響下，他於一九六三出任墨西哥皇帝。後因部下出賣被槍殺。

⑥《凡爾賽和約》是一戰後英、法、美等戰勝國與戰敗的德國於一九一九年六月二十八日在巴黎凡爾賽宮簽署的條約。該條約犧牲戰敗國和被壓迫人民的利益且相互矛盾，為第二次世界大戰埋下了禍根。

⑦綏靖指用讓步妥協、犧牲人民利益去滿足侵略者的欲望以求得苟安。相關思想、政策稱為綏靖主義、綏靖政策。文中提到的慕尼黑會議，正是英法等國出賣捷克斯洛伐克、縱容德意法西斯的會議，正是在綏靖政策的縱容下，他們才發動了第二次世界大戰。

⑧這裏的「雄鷹」一語雙關。美國國鳥為鷹科的白頭海鵰，美國國徽圖案的主體也是這種鷹科猛禽。

⑨一九四〇年四月，德軍進攻丹麥和挪威，丹麥當即投降，挪威則進行了兩個月的激烈抵抗，但終因動員遲緩、兵力不足而投降。

5 第三次就職演說

——一九四一年一月二十日

一九四〇年又是美國大選年。此時，雖然有開國總統華盛頓典範在前，但憲法並不限制總統二次連任。因此，羅斯福又一次被民主黨提名，並打破多年來的政治傳統，第三次當選總統。而羅斯福在他的第三屆任期所要面對的，也許是比大蕭條還要驚心動魄的危機。就是在這樣的形勢下，羅斯福登上了就職演講壇。

一七八九年起，每逢總統就職典禮的全國性日子，人民都要賦予「爲美國作出奉獻」以新的意義。

在華盛頓時代，人民的任務在於創立和熔鑄成爲一個國家。

在林肯時代，人民的任務是維護這個國家，使它避免從內部發生分裂。

今天，人民的任務是挽救這個國家及其制度，使它避免因外部因素而瓦解①。

當今世界風雲急劇變幻，因而我們已到了一個稍作停留和進行清點的時候。我們要回顧一下我們在歷史上處於何種地位，重新審視我們扮演了何種角色，以及將來可能扮演何種角色。我們倘不如此，就會因動作遲緩而招致眞正的危險。

所有國家壽命的長短，並不取決於年輪的多寡，而要看人類精神能夠生存多久。人的壽命大致在七十歲左右，有人稍長，有人略短。而一個國家的壽命究竟有多長，則要按其生存的願望而決定。

有些人對此表示懷疑。有人認爲，民主作爲一種政府形式和一個生活框架，受到某種神秘和人爲宿命的限制，或者須以此來衡量其壽命。這就是說，由於某些無法解釋的原因，暴政和奴役已經成爲未來的滾滾潮流，而自由則是正在退卻的海潮。

但是，我們美國人懂得，這是不眞實的。

八年前，當這個共和國的生命似乎因命運所加的恐怖而凍僵之時，我們就已證明這是不眞實的。那時我們處於震驚之中，但我們採取了行動，我們迅速、勇敢而果斷地採取了行動。

後來的這些年乃是生機勃勃的歲月，對於生活在這一民主制度之下的人民來說，也是碩果累累的年代。因爲這些年代我們獲得了更大的安定，而且，如我所希望的那樣，還使我們更清楚地認識到，生活的理想不應試用物質事物來加以衡量。

對我們現在和未來至爲關鍵的一段經歷乃是，民主制度成功地渡過了國內危機，消除了許多弊病，在堅實持久的基礎上建立了新的大廈，而且通過所有這些，保持了民主制度的實際內容。

這是因爲，我們所採取的行動都沒有越出美國憲法所規定的三維框架。政府各個平行同級的部門仍在自由地發揮各自的功能，「權利法案」並未遭到踐踏，選舉自由得到了完全的維護。那些聲稱美國民主行將崩潰的預言家們，已經目睹他們的可怕預言化成了泡影。

民主不是在死亡。

我們懂得這一點，是因爲我們已經看到民主制度得到了復興，並且在不斷成長。

我們知道民主不會死亡——因爲它建立的基礎，乃在於我國男女老少那種未受壓抑的首創精神。他們攜手投身於一項共同的事業——一項事業的承擔和完成，都體現了多數人所自由表達的意願。

我們知道民主不會死亡，因爲在所有的政府形式中，唯有民主制度能夠激發人們獲得開化意志的全部力量。

我們知道民主不會死亡，因爲唯有民主制度才能造就一種沒有限度的文明，能夠在改善人類的生活方面取得永無止境的進步。

我們知道民主不會死亡，因爲我們若透過表相看問題，就會發現民主制度仍在各個大陸不斷傳播，因爲它最爲人道，最爲先進，並且最終也是所有人類社會形態中，最不可戰勝的一種。

國家就像一個人一樣，也擁有身體，這個身體需要吃、穿、住，需要滋補營養和休息，以便能夠適應當代的各項目標。

國家就像一個人一樣，也具有頭腦，這個頭腦必須保持資訊靈通和高度警惕，必須瞭解自己，也瞭解其鄰居的種種希望和需要。這些鄰居亦即生活於這個小小環球的其他國家。

再者，一個國家也像一個人一樣，擁有某種較深沉的東西，某種較長久的東西，某種大於其各個組成部分總和的東西，這種東西與國家的未來關係甚大，要求人們神聖地捍衛國家的現況。對於這種東西，我們覺得難以、甚至無法想出一個簡潔的辭彙加以描述。

但我們大家都知道它是什麼，它乃是精神，是美國的信念，它是幾個世紀的產物。它誕生於從四面八方湧集於此的移民人潮之中。這些人有的地位高貴，但大部分乃是尋常百姓，他們或遲或早地來到這裏，目的是尋找更大的自由。

人們對民主的嚮往，並不僅僅是人類歷史上最近才有的現象，它與人類歷史同在。它曾廣泛見之於早期人類的生活當中，又在中世紀重新煥發出光輝，並且在《大憲章》當中得到了反映。

在美洲各國，對民主的嚮往所造成的衝擊，向來是不可抗拒的。操各種語言的各國人民都一直把美國叫做新世界，這並不是由於這塊大陸是一片新發現的土地，而是由於來到這裏的人民相信，他們能夠在這塊大陸創造出一種新的生活，一種能在自由方面展示全新面貌的生活。

它的活力表現在我們自己的《五月花號公約》②之中，表現在《獨立宣言》之中，表現在美國憲法之中，表現在葛底斯堡演說③中。

那些最初到此以實現其渴望的人們，那些隨他們之後抵達的數以百萬計的人們，以及他們所留下的子孫後代，都在堅定不移、始終不渝地奔向一個理想，而隨著每一代人的嬗遞，這個理想本身也不斷成長和日益明確起來。

這個共和國基於所抱持的理想，不可能長久容忍不應有的貧困和自私自利的富裕。

我們知道我們還有漫長的路要走，我們必須在我國的資源和能力可以做到的限度內，盡可能爲每個公民提供更大的保障，創造更好的機會，以及輸送更多的知識。

但是，僅僅實現這些目標是不夠的。僅僅使這個國家的身體有吃有穿，使其頭腦得到開發和獲得資訊，也完全不夠，因爲除此之外還有精神。在這三者當中，精神是最重要的。

衆所周知，如果沒有身體和頭腦，國家是不能生存的。

但倘若美國的精神遭到了扼殺，即使國家的身體和大腦依然存在，蜷縮在一個陌生的世界裏，而我們所熟悉的美國則已無跡可尋了。

這種精神，也就是這種信念，在我們的日常生活中，通常以不爲人所覺察的各種方式向我們傾訴，因爲這些方式對人們來說似乎是習以爲常的。它就在我們國家的首都向我們傾訴。它通過四十八個州政府的治理過程向我們傾訴。它在各個縣、市、鎭和村莊對我們傾訴。它從這個半球的其他國家，從大洋彼岸或受奴役、或享自由的各國向我們傾訴。有時我們未能聽到或未能留意這些呼喚自由的聲音，其緣故就在於享有自由的特權對我們乃是理所當然。

一七八九年，我國第一任總統在他的首任就職演說中，即以預言式的詞句宣告了美國的命運，那席話似乎是直接針對一九四一年這一年而說的，「人們經過深思熟慮，最後確定把自由聖火的保存和共和政府模式的命運，寄託在交付於美國人民之手而進行的實驗之上。」

如果我們失去了這堆聖火，如果我們由於疑慮與恐懼而任它熄滅，那麼我們就會拋棄華盛頓曾如此英勇成功地爲之奮鬥而確立的命運。維護這個國家的精神和信念，必將爲我們在捍衛祖國的事業中可能作出的每一犧牲，賦予至爲崇高的意義。

我們面臨著前所未有的嚴峻險惡形勢，我們的堅定決心是捍衛和維護民主的完整。

爲此，我們要振作起美國的精神和美國的信念。

我們不會後退，我們不會滿足於原地踏步，作爲美國人，我們要遵奉上帝的意志爲國效力、走向前方。

注釋：

①第二次世界大戰爆發後，圍繞是否參戰的問題，美國國內輿論形成了「國際主義派」和「孤立主義派」的對立。

②《五月花號公約》（May flower Compact）是一六二〇年一批抵達北美的清教徒移民訂立的公約，規定他們所建立的殖民地將按多數人的意志進行統治。該公約被認為是美國民主制度的奠基石。由於這批清教徒乘「五月花號」船而來，故稱。

③葛底斯堡演說是美國第十六任總統林肯於一八六三年十一月十九日在葛底斯堡國家公墓為紀念陣亡將士而發表的演說。這篇數百字的簡短演說中提出了「民有、民治、民享」的民主理想。

6 第四次就職演說

——一九四五年一月二十日

一九四四年是歐洲戰局決定勝敗的一年，顯然臨陣換帥是不明智的，美國人民舉著「我們需要羅斯福」的牌子又一次把他留在了白宮。考慮到羅斯福的健康以及正值戰時等因素，這次總統就職典禮儀式相當簡單，盛大遊行和豪華舞會取消了，羅斯福也只講了六分鐘。

首席大法官先生、副總統先生、朋友們：

你們會理解，而且相信也會贊同我的願望，把這次就職典禮辦成一個簡簡單單的儀式，而我只發表一個簡短的演說。

今天，美國人和我們的盟友一道，正經歷一個最爲嚴峻的考驗時期。這是一次對我們的勇氣、決心和智慧的考驗，也是一次對我們根本性的民主制度之考驗。

我們若能成功而光榮地經受住這次考驗，那我們就可以創造具有重要歷史意義的業績，受到人民世世代代的紀念。

今天，我佇立於此，在我國同胞的面前，在我們上帝的面前，進行了莊嚴的就職宣誓。當此之際，我深知美國的目標要求我們絕不能失敗。

在未來的歲月裏，我們要致力於建設一種公正而光榮的和平，建設一種持久的和平，就像我們今天正在爲戰爭的徹底勝利而工作和戰鬥一樣。

我們能夠而且必將獲得這樣一種和平。

我們要爲完美的局面而奮鬥。我們不會馬上達到目標，但我們仍要爲之奮鬥。我們也許會犯下錯誤，但我們絕不能因爲喪失意志和拋棄道義原則而犯錯誤。

我記得，在我們感到安穩無憂的日子裏，我們的老校長皮博迪博士①說過：「生活中的事情並不總是一帆風順的。有時我們眼看就要登上頂峰，可是情況似乎很快急轉直下，又開始走下坡路了。但我們要牢記一個重要事實：文明本身的趨勢永遠是向上的，如果從數個世紀以來的高峰和低谷之間劃出一條中線來看，這條線一直都是呈上升趨勢的。」

我們一七八七年的憲法並不是一份完美無缺的文獻，而且它至今仍未盡善盡美。但它卻提供了一個堅實的基礎，供不同種族、不同膚色、不同信仰、各式各樣的人來建立一個牢固的民主大廈。

因此，在今天，在一九四五年這個戰爭的年頭，我們用可怕的代價換取了若干教訓，我們將從中獲益不淺。

我們了解，單憑自己是無法生活在和平之中的，我們自己的富足有賴於相距遙遠的其他國家的富足。我們了解，我們必須像人一樣生活，而不是作爲駝鳥，或是馬槽裏的狗②。

我們了解要做世界的公民，要成爲整個人類社會的成員。

我們了解一個簡單的眞理，也就是愛默生③所說的：「只有當朋友，才能交朋友。」

我們在謀求和平時，如果疑慮重重、互不信任和心懷畏懼，也就不能獲得持久的和平。只有滿懷來自於信念的理解、信任和勇氣而走向和平，我們才能獲得持久的和平。

全能的上帝，一直以各種方式賜福於我們的國家。他賦予人民堅強的意志和有力的雙手，用以爲自由和眞理而打退各種強大的進攻。他賦予我們的國家一種信仰，在一個苦難深重的世界裏，這種信仰已成爲各國人民的希望。

因此，我們現在向上帝祈禱，祈求它賜給我們遠見，讓我們看清我們的道路——一條使我們自己和全人類通向更加美好生活的道路——一條通往實現上帝意願和世界和平的道路。

注釋：

①皮博迪（Peabdy），羅斯福在麻塞諸塞州格羅頓中學時的校長，對羅斯福影響很深，他曾於三十年後說「校長夫婦對我的影響僅次於我母親」。

②馬槽裏的狗（dog sin the manger），指自己不吃草料，卻躺在馬槽裏不讓馬吃草料的狗，典出《伊索寓言》。後指獨佔財富而不與他人分享的人。

③愛默生（R. W. Emerson，一八〇三～一八八二），美國哲人，著有《論自助》、《人生

法則》等。

後記

二〇〇七年秋季以來，美國次貸危機引發了全球規模的金融經濟危機，其嚴重程度爲上世紀三〇年代以來所僅見。由此，人們自然要把這次危機與大蕭條加以比較，也自然會憶起羅斯福及其「新政」等等。

而且實際上，各大國領導人無論是言談還是舉措，也均隱約顯現了羅斯福當年應對危機的言談和舉措痕跡。比如，美國總統奧巴馬的救市舉措被稱作「奧巴馬新政」，他的每週講話神形之間也與「爐邊談話」有幾分相似。

緣此，我們翻譯了羅斯福的「爐邊談話」全文，加上他的其他幾篇重要演講，輯成此書。相信這樣一部經典之作不僅會給今天的人們良多啓迪，甚至會有某種現實的指導意義。

羅斯福的「爐邊談話」雖是精心撰結之作，但也難免「即時性」，就事論事，有感而發，因此用語上時有獨出心裁之處。翻譯時，我們一意忠實原作；同時，爲方便今天的讀者理解，給每篇「談話」都加了小引，作了盡可能詳盡的注釋，並以「危機．人民．領袖」作爲代前言，簡介了羅斯福的生平和「爐邊談話」的背景、特點、影響等。

本書是分工合作的產物。

「爐邊談話」的前十四篇爲趙越翻譯，後十五篇爲馬飛翻譯，其他爲孔謐等翻譯，小引、注釋爲李曉麗、孔謐等所加。

由於學殖所限，這本譯作難免不足、甚至失當之處，敬請碩學之士及廣大讀者不吝賜正。

譯者

二〇〇九年五月

國家圖書館出版品預行編目資料

高瞻遠矚：爐邊談話之戰爭與和平篇 / 富蘭克林・羅斯福著；趙越, 馬飛, 孔謐翻譯. -- 初版. -- 新北市：華夏出版有限公司, 2023.06
面；　公分. --（Sunny 文庫；285）
ISBN 978-626-7134-76-4（平裝）
1.CST：美國政府 2.CST：戰爭
3.CST：和平 4.CST：言論集

752.26207　　111020779

Sunny 文庫 285
高瞻遠矚：爐邊談話之戰爭與和平篇

著　作　（美）富蘭克林・羅斯福
翻　譯　趙越 馬飛 孔謐
印　刷　百通科技股份有限公司
電話：02-86926066 傳真：02-86926016
出　版　華夏出版有限公司
220 新北市板橋區縣民大道 3 段 93 巷 30 弄 25 號 1 樓
電話：02-32343788　傳真：02-22234544
E-mail：pftwsdom@ms7.hinet.net
總經銷　貿騰發賣股份有限公司
新北市 235 中和區立德街 136 號 6 樓
電話：02-82275988　傳真：02-82275989
網址：www.namode.com
版　次　2023 年 6 月初版一刷
特　價　新台幣 350 元（缺頁或破損的書，請寄回更換）

ISBN-13：978-626-7134-76-4